Topos plus **Taschenbücher**
Band 380

Topos plus positionen

Herausgegeben von Wolfgang Beinert

Günter Koch

Sakramente – Hilfen zum Leben

Topos plus Taschenbücher

Topos plus **Verlagsgemeinschaft**

Butzon & Bercker, Kevelaer | Don Bosco, München | Echter, Würzbu
Lahn-Verlag, Limburg Kevelaer | Matthias-Grünewald-Verlag, Ma
Paulusverlag, Freiburg Schweiz | Friedrich Pustet, Regensbu
Styria, Graz Wien Köln | Tyrolia, Innsbruck Wi

Die Deutsche Bibliothek – CIP-Einheitsaufnahme
Ein Titeldatensatz für diese Publikation
ist bei Der Deutschen Bibliothek erhältlich.

Einband- und Reihengestaltu
Akut Werbung GmbH, Dortmu
Herstellung: Pustet, Regensbu
Printed in Germa

Topos plus - Bestellnummer: **3-7867-8380-2**

Inhalt

Einführung: Sakramentale Zeichenhandlungen

In diesem Buch geht es um die sieben Sakramente, welche die katholische Kirche kennt. Diese sieben Sakramente gibt es übrigens auch in den Kirchen des christlichen Ostens, während die Kirchen der Reformation nur zwei, höchstenfalls drei gottesdienstlichen Zeichenhandlungen die Bezeichnung Sakramente zuerkennen: der Taufe, dem Abendmahl und bisweilen auch der Buße oder Beichte. Die sieben Sakramente *Taufe, Firmung, Eucharistie, Bußsakrament, Krankensalbung, Weihesakrament und Ehesakrament* sollen hier in ihrer jeweiligen Eigengestalt und Eigenfunktion vorgestellt werden, und zwar jeweils unter den Blickpunkten: *Was erschwert, was erleichtert heute den Zugang zu dem jeweiligen Sakrament?* Und: *Was könnte dieses Sakrament für ein glückendes menschliches Leben und Zusammenleben erbringen?* Diesen Fragen soll auf dem Hintergrund der geschichtlichen Entwicklung der Sakramente von ihren biblischen Ursprüngen an nachgegangen werden.

Wenn in diesem Buch also die Einzelsakramente in ihrer jeweiligen Besonderheit im Blickfeld stehen, so mag sich doch auch die Frage stellen: *Was ist diesen zentralen gottesdienstlichen Handlungen der Kirche eigentlich gemeinsam,* was charakterisiert sie allesamt? Auf diese Frage wird hier nur kurz eingegangen. Die Suche nach Antworten wird nämlich Gegenstand eines eigenen Bandes der Reihe „Topos plus positionen" sein, der unter dem Titel „Sakramentale Symbole – Grundweisen des Heilshandelns Gottes" *nach* diesem Band über die Einzelsakramente erscheinen wird. Das ist insofern sinnvoll, als ja der Allgemeinbegriff von Sakrament, wie er auf die sieben Sakramente und nur auf diese zutrifft, geschichtlich wie logisch sekundär, zweitrangig, ist: Er wurde erst im Mittelalter theologisch herausgearbeitet und zwar im Blick auf die Einzelsakramente, deren gemeinsame Merkmale eben in diesem Begriff erfasst sind. Es ist auch insofern sinnvoll, als ein leitendes Merkmal aller Sakramente, *ihr Charakter als Zeichen- oder Symbolhandlungen heute ein besonderes Interesse beanspruchen kann:* Die Menschen unserer Zeit tun sich mit einer bestimmten Art von Symbolen – nämlich Symbolen, in denen sich menschliche und zwischenmenschliche Wirklichkeit realisiert – ebenso schwer wie das Verlangen nach solchen Symbolhandlungen und das Verständnis dafür im Wachsen sind. Auch von den Humanwissenschaften wird ihre Bedeutung unterstrichen.

Gleichsam im Vorspann zu den Einzelsakramenten gilt es hier nun, sich der wichtigsten gemeinsamen Merkmale aller Sakramente zu vergewissern und auch kurz damit verbundene Probleme und Entwicklungen anzusprechen.

Was charakterisiert ein Sakrament? In einem früheren katholischen Katechismus, der manchem älteren Zeitgenossen noch bekannt sein dürfte, heißt es lapidar: „Zu jedem Sakrament gehören drei Stücke: 1. Das äußere Zeichen, 2. Die innere Gnade, 3. Die Einsetzung durch Jesus Christus."[1] Dem zugrunde lag eine vom Konzil von Trient (1545–1563) gebrauchte Bestimmung der Sakramente, die noch ein weiteres wichtiges Charakteristikum enthält: *Das Sakrament ist ein „von Christus eingesetztes Zeichen, das kraft seines Vollzugs (ex opere operato) die Gnade zugleich bezeichnet und im Menschen bewirkt, sofern nur der Mensch dem kein Hindernis (obex) entgegensetzt."*[2] Hier wird in die Bestimmung noch die besondere Wirkweise des Sakraments einbezogen: Es wirkt die innere Gnade, wenn nur die äußere Zeichenhandlung richtig vollzogen wird. Der Empfänger des Sakraments scheint dabei nur eine passive Rolle zu spielen.

Die seit dem Mittelalter wahrnehmbare Tendenz, den Empfänger des Sakramentes bei der Charakterisierung der sakramentalen Zeichenhandlung und ihrer Wirkweise in den Hintergrund treten zu lassen und die Sakramente als eher *werkzeugliche „Gnadenmittel"* zu verstehen, konnte einem Vorwurf Vorschub leisten, der bis zur Gegenwart hin gegenüber dem katholischen Sakramentsverständnis erhoben wird: *Die Sakramente seien eine Form von Magie.* Magie bedeutet in diesem Zusammenhang, dass man meint, die Gottheit oder das Göttliche (das Numinose) durch bestimmte Praktiken oder Rituale in den Griff zu bekommen, Gott durch entsprechende Praktiken gleichsam zum Wohltun zwingen zu können, ohne sich selbst in eine solche Begegnung mit dem Göttlichen personal einzubringen. Den Sakramenten würde also nach katholischem Verständnis eine gleichsam mechanische Wirksamkeit nach Art eines nur richtig anzuwendenden Instruments bzw. Werkzeuges zugeschrieben – eine Sicht, die *nicht nur* bei evangelischen Mitglaubenden Anstoß erregen muss, nach deren Auffassung der Mensch dadurch begnadet wird, dass er der Zuwendung des gnädigen Gottes die Antwort des Glaubens gibt.

Wenn gewiss der Vorwurf der Magie auch gegenüber der traditionellen katholischen Sakramentenlehre in dieser Form nicht berechtigt ist, so sind doch jene *Einseitigkeiten und Defizite* nicht zu übersehen, die zu einem solchen Vorwurf führen konnten, zumal sich theologische bzw. lehrmäßige Einseitigkeiten natürlich auch in der Volksfrömmigkeit auswirken müssen. Eine Neubesinnung im Ausgang von der Bibel und der älteren Tradition war geboten, und sie geschah in der Tat auch in den Jahrzehnten vor dem Zweiten Vatikanischen Konzil und maßgeblich beim Zweiten Vatikanischen Konzil (1962–1965) selbst. Auf dem Hintergrund des Konzils und seiner theologischen Weiterführung könnte eine Beschreibung der für die Sakramente wesentlichen Bestimmungsmerkmale heute lauten: *Das Sakrament ist eine auf Jesus Christus zurückgehende Zeichen- oder Symbolhandlung, durch welche der glaubende Mensch in der Interaktion, d. h. einem gemeinsamen Handeln mit dem*

Christus und seine Kirche repräsentierenden Sakramentenspender in Christi Tod und Auferstehung einbezogen wird und so dem heilschenkenden Gott begegnet.

Folgende wesentliche Bestimmungsmerkmale, von denen dann jeweils kurz die Rede sein soll, begegnen hier:

1. die Herkunft der Sakramente von Christus,
2. die Zeichen- oder Symbolhandlung,
3. der glaubende Mensch als Empfänger,
4. der Sakramentenspender als Repräsentant Christi und seiner Kirche,
5. Tod und Auferstehung Jesu Christi als Quelle der Wirksamkeit der Sakramente,
6. die Begegnung mit Gott und damit mit dem von ihm geschenkten Heil.

Es lässt sich jetzt schon feststellen, dass diese Beschreibung der Sakramente einen ungleich personaleren Charakter hat als die traditionelle „Definition“: Die Sakramente sind, wie es auch das Zweite Vatikanische Konzil kurz und bündig formuliert, „Sakramente des Glaubens“[3]. So wird auch einem zentralen Anliegen der Reformation Rechnung getragen.

Nun einige kurze Erläuterungen zu den einzelnen Elementen des Sakramentsbegriffs:

(1) Früher war man der Überzeugung, dass alle Sakramente auf einen ausdrücklichen Einsetzungsakt Jesu Christi zurückgehen, der auch die sakramentale Zeichenhandlung festgelegt habe. Unterdessen weiß man, *dass zumindest einzelne sakramentale Zeichenhandlungen sich im Laufe der Geschichte wesentlich gewandelt haben.* Heutige Schriftauslegung hat zudem darauf aufmerksam gemacht, *dass sich zumindest nicht alle Sakramente auf einen eigenen Stiftungsakt Jesu zurückführen lassen,* der im Neuen Testament nachweisbar wäre. Andererseits ist aber sehr wohl festzustellen, dass Jesu heilvolles Wirken, vor allem seine Krankenheilungen, oft in zeichenhaften, in symbolischen Handlungen geschieht. Man denke an die Heilung eines

Taubstummen Mk 7,33 oder die eines Blinden Joh 9,6. *Solche Zeichen- und Symbolhandlungen liegen also durchaus in der Absicht Jesu,* der sein Wirken und seine Verkündigung, speziell auch seine Wundertaten, als wirksam erfülltes Zeichen der in ihm ankommenden Gottesherrschaft sieht (vgl. Mk 11,4–6).

(2) Bei den Sakramenten handelt es sich, wie schon die frühere Definition besagt, um Zeichen bzw. Symbole oder besser um Zeichen- bzw. Symbolhandlungen. Die beiden Begriffe werden in unserem Zusammenhang in gleicher Bedeutung gebraucht. Was ist ein Zeichen oder Symbol? Ganz allgemein eine sinnenhaft wahrnehmbare Wirklichkeit, die auf eine andere, nicht unmittelbar wahrnehmbare Wirklichkeit hinweist. Dabei ist zu unterscheiden: Es gibt *nur informierende Zeichen bzw. Symbole* (z. B. ein Verkehrszeichen), bei denen die bezeichnete Wirklichkeit (etwa eine Gefahrenstelle) mit dem Zeichen nicht in innerer Verbindung steht. Und es gibt *Realsymbole oder sogar realisierende Zeichen,* bei denen das Zeichen an der bezeichneten Wirklichkeit gleichsam Anteil hat bzw. durch die eine Wirklichkeit erst mitbegründet wird (wie beispielsweise durch einen Händedruck ein Vertrag geschlossen wird oder sogar Versöhnung besiegelt werden kann).

Die Sakramente gehören ihrem Wesen nach zu den realisierenden Zeichen. Das bedeutet unter anderem, dass man ihre Zeichensprache verstehen sollte, wenn man sie empfängt bzw. auch, wenn man an ihrer Spendung beteiligt ist. Anzumerken ist noch, dass sich die sakramentalen Symbolhandlungen, wie auch das folgende Schaubild zeigt, bei den meisten Sakramenten aus einem materialen Element und einem Wortelement zusammensetzen.

Sakrament	Materiales Element	Wortelement (Spendeformel)
Taufe	Übergießen mit Wasser oder Eintauchen in Wasser, evtl. auch Besprengung mit Wasser	„N., ich taufe dich im Namen des Vaters und des Sohnes und des Heiligen Geistes."
Firmung	Auflegung der Hand, Salbung der Stirn mit Chrisam	„N., sei besiegelt durch die Gabe Gottes, den Heiligen Geist."
Eucharistie	Konsekration (Wandlung) von Brot und Wein – Essen des gewandelten Brotes und Trinken des gewandelten Weines	„Das ist mein Leib, der für euch hingegeben wird. – Nehmet und trinket alle daraus: Das ist der Kelch des neuen und ewigen Bundes, mein Blut, das für euch und für alle vergossen wird zur Vergebung der Sünden. Tut dies zu meinem Gedächtnis."
Bußsakrament	Ausdruck der Reue und Genugtuungsbereitschaft des bußwilligen Empfängers im Sündenbekenntnis – Ausstrecken der Hände des „Beichtvaters" (wenigstens der Rechten) über das Haupt des Gläubigen – Kreuzzeichen	„Gott, der barmherzige Vater, hat durch den Tod und die Auferstehung seines Sohnes die Welt mit sich versöhnt und den Heiligen Geist gesandt zur Vergebung der Sünden. Durch den Dienst der Kirche schenke er die Verzeihung und Frieden. So spreche ich dich los von deinen Sünden im Namen des Vaters und des Sohnes und des Heiligen Geistes." (Der Gläubige antwortet mit „Amen".)
Krankensalbung	Salbung von Stirn und Händen mit geweihtem Öl	„Durch die heilige Salbung helfe dir der Herr in seinem Erbarmen, er stehe dir bei mit der Kraft des Heiligen Geistes" (Salbung der Stirn). – „Der Herr, der

Sakrament	Materiales Element	Wortelement (Spendeformel)
		dich von Sünden befreit, rette dich, in seiner Gnade richte er dich auf“ (Salbung der Hände). – Beide Male antwortet der Empfänger mit: „Amen“.
Weihesakrament	Handauflegung	Ein längeres Gebet, das auf biblischem Hintergrund die Aufgaben der jeweiligen Weihestufe zum Inhalt hat („die entsprechenden Worte der zugehörigen Weihepräfation“)
Ehesakrament	Erklärung bzw. Ausdruck des Ehewillens.	„N., ich nehme dich an als meine Frau/meinen Mann und verspreche dir die Treue in guten und in bösen Tagen, in Gesundheit und in Krankheit. Ich will dich lieben, achten und ehren, solange ich lebe.“ (Sog. „Großer Vermählungsspruch“)

(3) Eindeutig *ist der Empfänger des Sakraments Mithandelnder* im sakramentalen Geschehen. Denn die Sakramente sind Interaktionen, gemeinsames Handeln, zwischen Gott bzw. Christus, wie er zeichenhaft durch den Sakramentenspender repräsentiert wird, und dem Menschen, der das Sakrament als Glied der Kirche empfängt. *Bei Gott liegt in diesem dialogischen Geschehen die Initiative,* er wendet sich dem Menschen zu, spricht ihn in seiner je besonderen Situation an, *der Mensch soll und darf die Antwort des Glaubens und damit sich selbst und seine Welt in das sakramentale Geschehen einbringen.* Als Antwort Gottes darf er nach Gottes Verheißung konkretes Heil für sein Leben und Zusammenleben erwarten. Dabei setzen die Sakramente den Glauben „nicht nur voraus, sondern durch Wort und Ding nähren sie ihn auch, stärken ihn und zeigen ihn an; deshalb heißen sie Sakramente des Glaubens.“[4]

Wer ein Sakrament empfangen kann und darf

Sakrament	Empfänger
Taufe	Jeder Mensch, der noch nicht getauft ist. Voraussetzung beim Erwachsenen ist der Glaube, der auch Reue über die begangenen Sünden einschließt.
Firmung	Der Getaufte, der noch nicht gefirmt ist, kann und soll die F. empfangen. Voraussetzung für den fruchtbaren Empfang ist der sog. Gnadenstand.
Eucharistie	Die Getauften im Stande der Gnade. Die Mitfeier der Eucharistie ist Sache der mündigen Christen. Den Empfang der Kommunion hat die Kirche auch den zu erstem Vernunftgebrauch gelangten Kindern zugestanden (in orientalischen Kirchen auch schon neu getauften Säuglingen in Weingestalt).
Bußsakrament	Der getaufte Sünder, der zum Vernunftgebrauch gekommen sein muss und dessen grundlegende Lebensverhältnisse dem nicht widersprechen. Von den Büßerakten Reue, Bekenntnis, Genugtuung, soweit sie möglich sind, hängen Fruchtbarkeit und Gültigkeit des Sakraments ab.
Krankensalbung	Der Getaufte, der in (entferntere) Lebensgefahr kommt wegen Krankheit oder Altersschwäche. Bei Bewusstlosigkeit genügt die Vermutung, dass der Christ das Sakrament gläubig empfangen wollte, wenn er könnte.
Weihesakrament	Der getaufte Mann. Die Weihestufen müssen in der Reihenfolge Diakonat, Presbyterat, Episkopat empfangen werden (beim Empfang mehrerer Weihestufen).
Ehesakrament	Jeder der beiden Ehepartner empfängt zugleich von dem jeweils anderen das Sakrament.

(4) *Der Sakramentenspender ist Repräsentant Christi und der Kirche.* Wenn in den frühen Jahrhunderten der Kirche herausgearbeitet wurde, dass die Gültigkeit und Fruchtbarkeit der Sakramentenspendung nicht vom Glauben und von der sittlichen Reinheit und Heiligkeit des Spenders abhängt, sondern Jesus Christus als primärer Sakramentenspender durch ihn im gläubigen Empfänger wirkt, so kann und darf dies nicht bedeuten, *dass der kirchlich bevollmächtigte Sakramentenspender dabei nur eine rein instrumentale Rolle spielt.* Voraussetzung für eine gültige Sakramentenspendung ist, dass der Spender die Absicht hat, das zu tun, was die Kirche mit diesem Sakrament tun und wirken will. Darüber hinaus aber sollte der Sakramentenspender die sakramentale Symbolhandlung, die normalerweise in einen gottesdienstlichen, einen liturgischen Zusammenhang eingebettet ist, so gestalten, *dass ihr Zeichensinn möglichst deutlich und wahrnehmbar wird.* Die Fruchtbarkeit des Sakramentenempfangs hängt ja auch von der Mitvollziehbarkeit der Zeichenhandlung ab.

Wer in der Kirche Sakramente spenden kann und darf, zeigt die folgende Übersicht. Dabei ist zu bedenken, dass der Spender bei der Sakramentenspendung immer auch als Repräsentant der Kirche handelt, so wie der Empfänger das Sakrament als Glied der Kirche – bzw. bei der Taufe zum Glied der Kirche werdend – empfängt. *Auch darum ist die Teilnahme der Gemeinde bei der Feier der Sakramente – es handelt sich in der Tat um liturgische Feiern – angemessen und in höchstem Maße wünschenswert.*

Wer Sakramente spenden kann und darf

Sakrament	Spender
Taufe	Ordentlicher Spender der (feierlichen) T.: Bischof, Priester und Diakon. Im Notfall kann taufen, wer sich die Intention der Kirche zu Eigen macht.
Firmung	Ursprünglicher (originärer) Spender ist der Bischof. Außerordentlicher Spender ist der Priester, dem diese Vollmacht übertragen wurde.
Eucharistie	Die Konsekrationsvollmacht haben Bischof und Priester. Austeilung der konsekrierten Gestalten von Brot und Wein kann durch kirchlich damit beauftragte Männer und Frauen geschehen.
Bußsakrament	Der Bischof und der Priester, der außer der Weihe auch die Rechtsprechungsgewalt besitzt. Erstere ist mit der Priesterweihe gegeben, die Jurisdiktion muss nach entsprechenden Rechtsnormen übertragen sein.
Krankensalbung	Bischof und Priester.
Weihesakrament	Der Bischof; bei der Bischofsweihe im Allgemeinen mit zwei mitweihenden Bischöfen.
Ehesakrament	Jeder der beiden Ehepartner jeweils für den anderen, so jedenfalls die überwiegende Auffassung der Westkirche.

(5) Wenn die frühere Definition der Sakramente besagte, die Sakramente wirkten „kraft des Vollzugs“ (ex opere operato), so konnte dies – darauf wurde schon hingewiesen – als der Versuch einer magischen Beeinflussung Gottes missverstanden werden. So war es gewiss nicht gemeint. Es sollte im Gegenteil besagen: Die Sakramente wirken die Gnade, das Heil im Empfänger aus Gottes Kraft und Ermächtigung. Um Fehldeutungen vorzubeugen, hat das Zweite Vatikanische Konzil den Begriff *Ex opere operato* ganz in den Hintergrund treten lassen und stattdessen in der Beschreibung

der Sakramente auf die eigentliche Quelle des sakramentalen Heilswirkens hingewiesen: *Sie wirken aufgrund der zentralen Heilstat Gottes in Jesus Christus, nämlich aus der Kraft seines Leidens, seines Kreuzestodes und seiner Auferstehung, die im sakramentalen Geschehen vergegenwärtigt werden.*

(6) In der früheren Definition galt als Wirkung der Sakramente die Gnade. Diese wurde dann unterschieden in geschaffene und ungeschaffene, heilig machende und helfende Gnade. Damit können die heutigen Menschen wenig oder nichts anfangen. Was Gnade meint, ist keine sachhafte, sondern eine personale Wirklichkeit. *Gnade, Heil: Das ist Begegnungswirklichkeit.* Der Mensch darf in den verschiedenen Grundsituationen, an den „Knotenpunkten" seines Lebens, dem lebendigen Dreifaltigen Gott immer wieder neu und seiner besonderen Lebenssituation entsprechend begegnen. Gott wendet sich in den verschiedenen Sakramenten je neu dem Menschen und seiner Welt zu, spricht sein schöpferisches Ja zum Menschen, *und gerade diese Zuwendung, diese Bejahung reinigt und heilt, kräftigt und schenkt Frieden und Liebe, Sinn, Hoffnung und Trost, sie befreit von lähmenden Ängsten.* Alles dies ist gerade auch für den Alltag des Menschen wichtig, für seine Mitwelt- und Umweltbeziehungen, ohne die menschliches Leben nicht glücken kann. Es ist zugleich bedeutsam für den Glaubensweg des Menschen, für den Sakramente – beginnend mit der Taufe, immer neu gipfelnd in der Eucharistie – bestimmende, verheißungsvolle und hilfreiche Wegstationen darstellen, dem sie *das treue Geleit des lebendigen Gottes verbürgen.*

Was hier über die Sakramente in ihrer Gesamtheit in wenigen Strichen ausgeführt ist, das kann dazu helfen, auch die Einzelsakramente besser zu verstehen, von denen jetzt die Rede sein soll.

1. Die Taufe

Annäherungen an das Taufsakrament

Beim Einstieg in unsre Überlegungen zur Taufe soll von folgenden Fragestellungen ausgegangen werden: Was erwarten Menschen von der Taufe? Was lässt sich an der Taufliturgie ablesen? In welchem Zusammenhang steht die Taufe?

(1) *Was also erwarten Menschen heute von der Taufe?* Während in Deutschland im Bereich der so genannten Neuen Bundesländer die Taufe nur noch bei einer Minderheit eine – dann allerdings in der Regel bedeutendere – Rolle spielt, erlebt man in den alten Bundesländern trotz eines zunehmenden Rückgangs der Taufhäufigkeit diese auch heute noch vielfach als *Ereignis von hohem gesellschaftlichem und auch religiösem Rang*. Dabei ist allerdings die Frage: Was bedeutet die Taufe den Menschen? Oft wird sie einfach religiös-kirchlicher Anlass für eine Familienfeier sein, zu der sich Verwandtschaft und Freundschaft trifft, um sich über den Familiennachwuchs mit den Eltern zu freuen, Glück zu wünschen, soziale Bande zu pflegen, die nun auch das neugeborene Kind mit einschließen, wobei gleichsam als Bürgen dieses Einschlusses die Paten eine nicht unwichtige Rolle spielen. Die Taufe ist in diesem Sinne für viele auch Fest der Namensgebung und gerade so der Eingliederung in die menschliche Gemeinschaft.

Manchmal wird eher der private, manchmal eher der soziale Charakter der Taufe im Vordergrund stehen. Bisweilen wird man diesen Ritus aber auch deswegen nicht missen wollen, *weil er dem rätselhaft und geheimnisvoll bleibenden Eintritt eines Menschen in diese Welt und in dieses Leben eine schöne Weihe und Feierlichkeit gibt, weil man sich von ihm Segen für die letztlich unplanbare, nicht abzusichernde Zukunft des Kindes erwartet*. Wenn der Sinngehalt des Taufsakraments sicher auch über solche Erwartungen hinausgeht, so bieten sie doch wirkliche Ansatzpunkte für das, was die Taufe nach ihrem vollen christlichen Sinngehalt verheißt und schenkt.

(2) Die aufmerksame *Wahrnehmung der Symbolhandlung der Taufe wie der sie umgebenden Taufliturgie* könnte bereits die Glaubensbedeutung – Gabe und Aufgabe der Taufe – grundlegend aufschließen.

Wer die Taufe eines Erwachsenen bewusst miterlebt hat, dem wird klar geworden sein: Hier geht es in Wort und Zeichen um einen echten *Dialog des Täuflings mit der Kirche, mit Jesus Christus, mit Gott, dem himmlischen Vater.* Der Täufling bringt in die Taufhandlung als Ausdruck des Glaubens zunächst sein *Taufbegehren,* seine Bitte um die Taufe, ein, worauf er sich im Katechumenat vorbereitet hat. Und nun wird ihm in der eigentlichen Taufspendung (wie in anderen Symbolhandlungen) wirksam von Gott gezeigt und gesagt, wovon der Glaube befreit, was er schenkt und was er fordert.

Einem wichtigen Element der Erwachsenentaufe begegnet man – auch wenn keine Taufe gespendet wird – bei der Feier der Osternacht. Hier wird von der Gemeinde als ganzer und von jedem Einzelnen das so genannte Taufversprechen erneuert. Die Christen widersagen in dreimaliger Form dem Bösen und bekennen sich in ebenso dreimaliger Weise zu den Grundwahrheiten christlichen Glaubens. Das kann auf zweierlei hinweisen: Taufe und Osterfeier gehören aufs Engste zusammen (in der Osternacht wird auch das Taufwasser geweiht); und die Taufe ist in der Tat ein dialogisches Geschehen: Gott wendet sich dem glaubensbereiten Menschen zu, ruft ihn bei seinem Namen, beginnt mit ihm eine neue Geschichte, und der Mensch antwortet darauf in gläubiger Zustimmung.

Freilich ist es meist die Kinder-, genauer die Säuglingstaufe, die das Bild der Taufe im allgemeinen Bewusstsein prägt. Mitwirkende bei einer solchen Tauffeier sind: der Täufling als Empfänger des Sakramentes, dessen Antworten allerdings durch Eltern und Paten gegeben werden (ein Problem!), ein Priester oder Diakon als ordentlicher Taufspender (die so genannte Nottaufe kann jeder Gläubige, bei der Absicht zu tun, was die Kirche tut, sogar ein Ungläubiger spenden), die Eltern, die Paten und häufiger neben Verwandten und Freunden auch Vertreter der christlichen Gemeinde.

Die eigentliche Zeichenhandlung der Taufe besteht aus dem Übergießen mit Wasser bzw. dem Eintauchen in Wasser (zur Gültigkeit genügt auch die Besprengung mit Wasser) und der Taufformel: „N., ich taufe dich im Namen des Vaters und des Sohnes und des Heiligen Geistes.“ *Die Symbolkraft des bewegten Wassers, die schon natürlicherweise Reinigung und Erfrischung, Löschung des Durstes, aber möglicherweise (als zerstörerische Flut, abgründige Tiefe) auch Untergang und Tod besagt, wird durch die Taufformel in den Bereich des Heilswirkens Gottes erhoben*: Gott, der sich als der Dreifaltige in der Heilsgeschichte wirkend geoffenbart hat, nimmt durch die Taufhandlung den Täufling, den er beim Namen ruft, in seine Heilsgeschichte – Sterben und Auferweckung Jesu und die Sendung des Heiligen Geistes – voll mit hinein bzw. er bezeugt ihm wirksam, dass er in dieses Heilsgeschehen einbezogen ist. Dieser Kern des Taufgeschehens – ohne die Namensnennung – genügt übrigens bei der Nottaufe zur Gültigkeit und Wirksamkeit des Sakramentes.

Um den Kern des Taufgeschehens legen sich in der Taufliturgie weitere Zeichen und Zeichenhandlungen, *die die Fülle des Geschehens – meist begleitet von deutenden Worten – der gläubigen Wahrnehmung auch sinnenhaft näher bringen*: „Die Salbung stellt eine Besiegelung dar. Sie erinnert daran, dass Taufe und Firmung zusammengehören … Durch diese ‚kleine Firmung‘ nach der Taufe wird unterstrichen, dass jeder Getaufte auch den Geist Gottes empfangen hat und diesem Geist gemäß leben soll. Die Worte, mit denen der Täufer die Salbung begleitet, weisen auf die

Würde hin, die jeder aus der Taufe empfängt: ‚Du wirst nun mit dem heiligen Chrisam gesalbt; denn du bist Glied des Volkes Gottes und gehörst für immer Christus an, der gesalbt ist zum Priester, König und Propheten in Ewigkeit.‘

Die Handauflegung ist eine Gebärde des Schutzes, aber auch der Beauftragung und Ermutigung, das Leben aus der geschenkten Hoffnung heraus zu führen …

Das Taufkleid bezeichnet eine neue Lebensform: ‚Dieses weiße Kleid soll dir ein Zeichen dafür sein, dass du in der Taufe neu geschaffen worden bist und – wie die Schrift sagt – Christus angezogen hast. Bewahre diese Würde für das ewige Leben.‘

Das Licht der Taufkerze ist ein Sinnbild des Lebens; es ist lebendiges Feuer und ebenso doppelsinnig für Leben und Tod wie Wasser und Kreuz. Der Täufer sagt nach dem Entzünden der Taufkerze zu den Eltern und Paten: ‚Ihnen wird dieses Licht anvertraut. Christus, das Licht der Welt, hat Ihr Kind erleuchtet. Es soll als Kind des Lichtes leben, sich im Glauben bewähren und dem Herrn und allen Heiligen entgegengehen, wenn er kommt in Herrlichkeit.‘

Das Kreuzzeichen, das der Täufer, die Eltern und Paten dem Täufling auf die Stirn machen, ist das spezifisch christliche Symbol für Tod und Auferstehung. Der Christ macht ein Leben lang das Kreuzzeichen: wenn er in eine Kirche tritt und Gottesdienst feiert, wenn er betet, wenn er segnet, wenn er einem Mitmenschen seine Gemeinschaft im Glauben bezeichnen will. Es ist das letzte Zeichen, das über seinem Grab gemacht wird.“[5]

Dass es gilt, den heutigen Menschen, dem viele dieser Zeichen und Symbole fremd und nichtssagend geworden sind, in die Bedeutung der Taufliturgie einzuführen, ihm so etwas wie einen *Symbolsprachunterricht* zu geben, das sei hier nur erwähnt.[6] Gelegenheit dazu müsste eine entsprechende Taufkatechese bieten, die auch den Eltern der Täuflinge zuteil werden sollte.[7] Im Übrigen müssten in die Taufliturgie, wenn nötig und sinnvoll, auch neue, den heutigen Menschen unmittelbar ansprechende Zeichen- und Worthandlungen eingebracht werden.

(3) Die Einzelsakramente stehen nicht zusammenhanglos nebeneinander, *sie sind einander in unterschiedlicher Weise zugeordnet.* Man kann diese Zuordnungen auch für die Taufe unter verschiedenem Gesichtspunkt sehen. Wenn man sie vor allem unter dem Gesichtspunkt der Umkehr und Sündenvergebung in den Blick nimmt – was ja in der Tat seine Berechtigung hat –, dann ist das Bußsakrament eng auf die Taufe bezogen: Auch in ihm geht es um Reue, Umkehr und Sündenvergebung.

Um – hier allerdings auch leibliche – Heilung geht es im Sakrament der Krankensalbung, was wiederum dieses in eine gewisse Nähe zum Bußsakrament rückt (in der traditionellen Abfolge der Sakramente schließen sich dann die beiden sogenannten Standessakramente, das Weihe- und das Ehesakrament, an). Wenn man jedoch die Taufe vor allem als Grundlegung des christlichen Lebens in der Gemeinschaft der Kirche betrachtet, dann fällt eine andere Zuordnung in den Blick, die auch aus historischen Gründen entscheidend ist: *Taufe, Firmung und Eucharistie sind die so genannten Initiationssakramente, die Sakramente der Einführung.* Zwar begegnet man diesen Initiationssakramenten heute nur bei der Erwachsenentaufe in einem einzigen gottesdienstlichen Zusammenhang – jedenfalls in der römisch-katholischen Kirche –, *doch gehören sie von ihrem inneren Sinn her eng zusammen.* Nach der Überzeugung des Zweiten Vatikanischen Konzils, das hier eine alte kirchliche Tradition erneuert, sind Taufe, Firmung und Eucharistie diejenigen Sakramente, die miteinander den Menschen in die Kirche und ihr Leben eingliedern und damit in die Fülle des Christseins führen.[8] Entsprechend bringt das kirchliche Gesetzbuch die programmatische Aussage: „Die Sakramente der Taufe, der Firmung und der heiligsten Eucharistie sind so eng miteinander verbunden, dass sie zur vollen christlichen Initiation erforderlich sind.“[9]

Als in der Alten Kirche die Auseinandersetzung mit den Mysterienkulten erfolgte,[10] fanden seit dem vierten Jahrhundert auch Begriffe des in diesen Kulten beheimateten, aber auch darüber hinaus bedeutsamen Begriffsfeldes der Initiation Aufnahme. Damals bezeichnete man mit Initiation die Aufnahmeriten in Geheimbünde, in die religiös-gesellschaftliche Erwachsenenwelt überhaupt und eben in die Mysterienkulte. In entsprechender Umprägung hielten christliche Theologen den Begriff Initiation für geeignet, den inneren Zusammenhang von Taufe, (der sich erst nach langer Entwicklung aus der Taufe verselbständigenden) Firmung und der Eucharistie zum Ausdruck zu bringen. *Bei Erwachsenen wie Kindern zusammen gespendet, stellten diese Sakramente den vollen Eintritt ins Christentum dar*. In den Ostkirchen werden sie noch heute auch bei Säuglingen miteinander gespendet (die Kommunion mit etwas konsekriertem Wein), während im Westen ihre Einheit seit dem Mittelalter zerfiel und erst im Zweiten Vatikanischen Konzil auch kirchenamtlich wieder aufgenommen wurde: so allgemein in der Osternacht bei der Erwachsenentaufe.

Ob zusammen gespendet oder nicht, der innere Zusammenhang von Taufe, Firmung und Eucharistie ist jedenfalls in der theologischen Reflexion hoch zu veranschlagen, aber auch in der pastoralen Praxis deutlich zu machen. Hier bleibt sicher noch einiges zu tun. Für die Taufe wie auch für die Firmung ergibt sich aus diesem inneren Zusammenhang der Initiationssakramente ein wichtiger Gesichtspunkt: Beide sind nicht sozusagen punktuelle Ereignisse, sie stellen vielmehr – vor allem die Taufe – *entscheidende Wegmarken des christlichen Glaubensweges* dar, von dem die Gemeinschaftsdimension gar nicht wegzudenken ist, wie sie nicht zuletzt in der Eucharistie immer neu zum Ausdruck und zur Verwirklichung kommt.

Der biblische Ursprung der Taufe

(1) Zusammen mit der Eucharistie ist die Taufe das Sakrament, das in der Bibel am besten bezeugt ist. Alle neutestamentlichen Texte, in denen sich die Praxis der Urgemeinde spiegelt, zeigen zunächst einmal, *dass die Taufe im Namen Jesu oder auf den Namen Jesu von Anfang an allgemein geübt wurde*. So ruft Petrus nach der Darstellung der Apostelgeschichte im Zusammenhang mit seiner Pfingstpredigt den Menschen zu: „Kehrt um, und jeder von euch lasse sich auf den Namen Jesu Christi taufen zur Vergebung seiner Sünden; dann werdet ihr die Gabe des Heiligen Geistes empfangen ... Die nun, die sein Wort annahmen, ließen sich taufen“ (Apg 2,38; 41; vgl. 8,9–13). Vollzogen wurde die Taufe wohl zunächst zumindest auch durch Eintauchen in (möglicherweise fließendes) Wasser. Dies kann die ebenfalls in der Apostelgeschichte erzählte Begegnung des Philippus mit dem äthiopischen Kämmerer bezeugen: „Als sie nun weiterzogen, kamen sie zu einer Wasserstelle. Da sagte der Kämmerer: Hier ist Wasser. Was steht meiner Taufe noch im Weg? Er ließ den Wagen halten, und beide, Philippus und der Kämmerer, stiegen in das Wasser hinab, und er taufte ihn“ (Apg 8,36–38).

Nach dem Schlusskapitel des Matthäusevangeliums wird aus der Taufe auf den Namen bzw. im Namen Jesu bald die Taufe auf den Dreifaltigen Gott, *die hier in dem so genannten Taufbefehl des Auferstandenen auf Jesus Christus selbst zurückgeführt wird*: „Da trat Jesus auf sie zu und sagte zu ihnen: Mir ist alle Macht gegeben im Himmel und auf der Erde. Darum geht zu allen Völkern, und macht alle Menschen zu meinen Jüngern; tauft sie auf den Namen des Vaters und des Sohnes und des Heiligen Geistes ... Seid gewiss: Ich bin bei euch alle Tage bis zum Ende der Welt“ (Mt 28,18–20).

(2) Mit historisch-kritischer Methode lässt sich eine ausdrückliche Einsetzung der Taufe durch den irdischen Jesus –

Jesus während seines irdischen Wirkens vor seinem Tod und seiner Auferstehung – nicht nachweisen. *Wohl aber hatten die Jünger Jesu das Vorbild der Taufe Jesu durch Johannes den Täufer*: „In jenen Tagen kam Jesus aus Nazaret in Galiläa und ließ sich von Johannes im Jordan taufen. Und als er aus dem Wasser stieg, sah er, dass der Himmel sich öffnete und der Geist wie eine Taube auf ihn herabkam. Und eine Stimme aus dem Himmel sprach: Du bist mein geliebter Sohn, an dir habe ich Gefallen gefunden" (Mk 1,9–11). – Von der mystischen Herkunft der Taufe (wie der Eucharistie) aus der geöffneten Seite des am Kreuz gestorbenen Jesus spricht in symbolischer Sprache das Johannesevangelium: „Einer der Soldaten stieß mit der Lanze in seine Seite, und sogleich floss Blut und Wasser heraus" (Joh 19,24).

Die allgemeine Übung der Taufe von Anfang an lässt wohl auf eine entsprechende Willensäußerung Jesu schließen.

(3) Es war vor allem *Paulus, der eine eigentliche Tauftheologie entwickelte*. Nach ihm bedeutet die Taufe die rettende Unterstellung unter die heilbringende Herrschaft des Herrn (*Kyrios*) Christus, wie dies bereits in einer von Paulus zitierten urchristlichen Bekenntnisformel – wohl einem Taufbekenntnis – zum Ausdruck kommt: „Wenn du mit deinem Mund bekennst: ‚Jesus ist der Herr' (*Kyrios*) und in deinem Herzen glaubst: ‚Gott hat ihn von den Toten auferweckt', so wirst du gerettet werden" (Röm 10,9). Die paulinische Tauftheologie findet sich vor allem in einem größeren Textzusammenhang seines Römerbriefes (5,12–6,11, bes. 6,1–11). Paulus deutet das heilbringende Werk Jesu Christi in der Parallelisierung mit dem Stammvater der Menschheit Adam: Wie durch Adam Sünde und Tod in die Welt kamen, so durch Jesus Christus die Überwindung der Sünden- und Todesherrschaft. *Anteil an dieser Lebenswende erhält der Mensch, wenn er in der Taufe mit dem Todesgeschick Jesu und mit seiner Auferweckung, die in der Taufe dargestellt bzw. sogar vergegenwärtigt werden, verbunden wird.*

Es kann davon ausgegangen werden, dass in diese theologische Deutung Vorstellungen aus dem Bereich der Mysterienkulte eingegangen sind. „Wisst ihr denn nicht, dass wir alle, die wir auf Christus Jesus getauft wurden, auf seinen Tod getauft worden sind? Wir wurden mit ihm begraben durch die Taufe auf den Tod; und wie Christus durch die Herrlichkeit des Vaters von den Toten auferweckt wurde, so sollen auch wir als neue Menschen leben. Wenn wir nämlich ihm gleich geworden sind in seinem Tod, dann werden wir mit ihm auch in seiner Auferstehung vereinigt sein" (Röm 6,3–5). So begründet nach Paulus die Taufe eine *neue, von den zerstörerischen Mächten von Sünde und Tod im Wurzelgrund befreite Daseinsform des Christen.* Sie gibt seinem Leben neue Sinndimensionen, entreißt ihn der Halt- und Ziellosigkeit, welcher der Mensch ohne die Erlösungstat Christi verfallen ist.

(4) Bei Paulus wie auch in den sich auf Paulus berufenden Pastoralbriefen kann die Wirkung der Taufe *mehr unter individualem oder mehr unter sozialem Gesichtspunkt* gesehen werden. Wie im Römerbrief so kommt etwa auch in dem späteren Titusbrief mehr die Wirkung der Taufe beim Einzelmenschen zum Ausdruck. Die Taufe ist „das Bad der Wiedergeburt und der Erneuerung im Heiligen Geist" (Tit 3,5). *Sie schafft für den Menschen einen neuen Anfang. Sie macht ihn andererseits aber auch zum Glied einer neuen Gemeinschaft, die Christus selber begründet hat*: „Durch den einen Geist wurden wir in der Taufe alle in einen einzigen Leib aufgenommen, Juden und Griechen, Sklaven und Freie; und alle wurden wir mit dem einen Geist getränkt" (1 Kor 12,13). Was in diesem Text bereits zum Ausdruck kommt, der Gedanke der Einheit und Gleichheit der Menschen durch ihre Verbindung mit Christus, wird in anderen Texten noch einmal verstärkt. So im Galaterbrief: „Ihr seid alle durch den Glauben Söhne Gottes in Christus Jesus. Denn ihr alle, die ihr auf Christus getauft seid, habt Christus (als Gewand) angelegt. Es gibt nicht mehr Juden und Griechen, nicht Sklaven und Freie, nicht Mann und Frau; denn

ihr alle seid ‚einer' in Christus Jesus" (Gal 3,26–29). Im Epheserbrief wird so die Mahnung zu wahrer Liebe begründet: „Seid demütig, friedfertig und geduldig, ertragt einander in Liebe, und bemüht euch, die Einheit des Geistes zu wahren durch den Frieden, der euch zusammenhält. Ein Leib und ein Geist, wie euch durch eure Berufung auch eine gemeinsame Hoffnung gegeben ist; ein Herr, ein Glaube, eine Taufe, ein Gott und Vater aller, der über allem und durch alles und in allem ist" (Eph 4,2–6; vgl. Eph 5,25–27).

Wer die Ungleichheit der Menschen in der antiken Welt (vor allem zwischen Sklaven und Freien, aber auch zwischen Mann und Frau) auch nur ein wenig kennt, der wird ermessen können, welche humanisierende Kraft in solchen Aussagen der neutestamentlichen Tauftheologie liegt, eine Kraft, die allerdings auch die Kirche – und gerade die Kirche – immer neu in Pflicht nehmen muss.

(5) Die Wirkung der Taufe beim Einzelmenschen kann im Neuen Testament noch unter einem anderen Gesichtspunkt gesehen werden: Sie ist – wie es ebenfalls schon im Römerbrief zum Ausdruck kommt, *Befreiung aus dem Herrschaftsbereich der Sünde*, und sie gibt *neue Orientierung, neue Handlungsimperative, sie ist Erleuchtung*. Im Kolosserbrief heißt es: „Mit Christus wurdet ihr in der Taufe begraben, mit ihm auch auferweckt, durch den Glauben an die Kraft Gottes, der ihn von den Toten auferweckt hat. Ihr wart tot infolge eurer Sünden, und euer Leib war unbeschnitten; Gott aber hat euch mit Christus zusammen lebendig gemacht und uns alle Sünden vergeben. Er hat den Schuldschein, der gegen uns sprach, durchgestrichen, und seine Forderungen, die uns anklagten, aufgehoben" (Kol 2,12–14). Den Aspekt der Erleuchtung bringt ein Text aus dem Epheserbrief (Eph 5,8–17) zum Ausdruck, der zwar die Taufe nicht ausdrücklich nennt, in dem man aber (Eph 5,14) einen Hymnus der urchristlichen Taufliturgie vermuten darf. „Einst wart ihr Finsternis, jetzt aber seid ihr durch den Herrn Licht geworden. Lebt als Kinder des Lichts! Das

Licht bringt lauter Güte, Gerechtigkeit und Wahrheit hervor. Prüft, was dem Herrn gefällt, und habt nichts gemein mit den Werken der Finsternis, die keine Frucht bringen, sondern deckt sie auf! Denn man muss sich schämen, von dem, was sie heimlich tut, auch nur zu reden. Alles, was aufgedeckt ist, wird vom Licht erleuchtet. *Alles Erleuchtete aber ist Licht. Deshalb heißt es: Wach auf, du Schläfer, und steh auf von den Toten, und Christus wird dein Licht sein.* Achtet also sorgfältig darauf, wie ihr euer Leben führt, nicht töricht, sondern klug. Nutzt die Zeit; denn diese Tage sind böse. Darum seid nicht unverständig, sondern begreift, was der Wille des Herrn ist." Hier wird die christliche Ethik, bei welcher der geistgeleiteten Erkenntniskraft des Einzelnen viel Raum gegeben ist, letztlich auf das Taufgeschehen gegründet.

(6) Schließlich ist nach neutestamentlichem Zeugnis die Taufe der von Gott gewollte Weg zum Heil. *Sie ist zumindest für die, die darum wissen, heilsnotwendig.* So sagt im Schlusskapitel des Markusevangeliums der Auferstandene zu den Jüngern, den Elfen: „Geht hinaus in die ganze Welt, und verkündet das Evangelium allen Geschöpfen! Wer glaubt und sich taufen lässt, wird gerettet; wer aber nicht glaubt, wird verdammt werden" (Mk 16,15f.). Auch nach dem Johannesevangelium hebt Jesus im Gespräch mit Nikodemus auf die Heilsnotwendigkeit des Wassers (der Taufe) ab: „Jesus antwortete ihm: Amen, amen, ich sage dir: Wenn jemand nicht von neuem geboren wird, kann er das Reich Gottes nicht sehen. Nikodemus entgegnete ihm: Wie kann ein Mensch, der schon alt ist, geboren werden? Er kann doch nicht in den Schoß seiner Mutter zurückkehren und ein zweites Mal geboren werden. Jesus antwortete: Amen, amen, ich sage dir: Wenn jemand nicht aus Wasser und Geist geboren wird, kann er nicht in das Reich Gottes kommen" (Joh 3,3–5). Dass mit solchen Aussagen die Möglichkeit des Heils für Menschen, welche die Wassertaufe nicht empfangen haben bzw. nicht empfangen konnten, nicht ausgeschlossen sein kann, *ergibt sich aus dem allgemeinen Heilswillen Gottes*, der „will, dass

alle Menschen gerettet werden und zur Erkenntnis der Wahrheit gelangen", wie es der 1. Timotheusbrief (1 Tim 2,4) formuliert. *Wenn Gott das Heil aller Menschen will, dann hat er auch für alle Menschen einen Weg zum Heil eröffnet.* Davon muss noch eigens die Rede sein.

Die geschichtliche Entfaltung der Tauftheologie bis zum Zweiten Vatikanischen Konzil

Im christlichen Altertum entfaltet sich die neutestamentliche Lehre von der Taufe in engem Zusammenhang mit der Taufpraxis bzw. der Taufliturgie. Mit wegweisenden theologischen und lehramtlichen Klärungen *gehen allerdings in dieser Phase bestimmte Vereinseitigungen des Taufverständnisses einher.* So verlagert sich die Aufmerksamkeit allzu sehr auf den *Taufspender*, und die Befreiung von der *Erbsünde* wird – zumindest von *Augustinus* – überstark betont. – Das Mittelalter bringt weitere Klärungen im Verständnis der Taufe, es kommt aber ebenso zu Vereinseitigungen, die sich bis in die Neuzeit hin auswirken. So sieht man die Taufe (wie alle Sakramente) eher als Werkzeug in der Hand Gottes, das beim Einzelnen Gnade wirkt, denn als Begegnungsgeschehen, das – eingebunden in die Gemeinschaft der Kirche – in die Gemeinschaft einbindet. *Die liturgische Einbettung der Taufe und ihr Symbolcharakter treten zunehmend in den Hintergrund.* Schließlich steht die Taufe eher als punktuelles sakramentales Geschehen im Blickfeld, während ihr Charakter als entscheidende Wegemarke eines Glaubensweges, der mit ihr beginnt (und beim Erwachsenen schon zu ihr hinführt), verblasst.

(1) Wie schon gezeigt wurde, behielt die Taufe in nachneutestamentlicher Zeit ihre grundlegende Bedeutung innerhalb der Einführung ins Christsein, der christlichen Initiation. *Die Liturgie der Erwachsenentaufe entfaltete sich reich.* Im Zusammenhang damit entstanden die großen, auch für

unsere Zeit maßgeblichen Glaubensbekenntnisse der Kirche, vor allem das so genannte Apostolische Glaubensbekenntnis, ein altes Taufbekenntnis der römischen Kirche, dessen ökumenische Bedeutung außer jedem Zweifel steht. Die Hinführung zur Taufe, das Katechumenat, dessen Dauer zeitweilig bis zu drei Jahre betrug, wurde als Vorbereitung auf die österliche Taufspendung allgemein eingerichtet. Jahrhundertelang bleibt die Taufe, für deren Spendung eigene Taufkirchen (Baptisterien) entstanden, im gläubigen Bewusstsein die große Lebenswende, Grundlegung einer neuen Beziehung zu Christus und damit zu Gott, zur christlichen Gemeinde, zur Kirche, Eröffnung eines neuen Lebensweges.

(2) Theologische Deutungen der Taufe, wie sie schon seit dem zweiten Jahrhundert mit zunehmender Häufigkeit begegnen, stellen sie für Außenstehende dar, verteidigen sie gegen Angriffe, greifen situationsbedingte Anfragen auf, vor allem aber deuten sie in katechetischen Predigten für Katechumenen das Taufgeschehen.[11] So macht beispielsweise der Bischof *Kyrill von Jerusalem* (um 313 – 387) in der zweiten seiner „mystagogischen Katechesen" den „Neu-Erleuchteten" deutlich, dass das Heilsgeschenk der Taufe – *Sündenvergebung, Verleihung der Sohnschaft, die Gabe des Heiligen Geistes – den Getauften auf Grund der „Nachahmung" des Leidens Christi im Taufgeschehen zuteil wird*: „Etwas Ungewöhnliches und Wunderbares! Eigentlich sind wir nicht gestorben, eigentlich wurden wir nicht begraben. Wir sind auferstanden, ohne eigentlich gekreuzigt worden zu sein. Es sind (nur) Bilder, Nachahmungen. Doch Tatsache ist die Erlösung. Tatsächlich ist Christus gekreuzigt worden, tatsächlich ist er begraben worden, wahrhaft ist er auferstanden. Alle diese Gnaden hat er uns geschenkt, damit wir, wenn wir durch (sakramentale) Nachahmung an seinen Leiden teilhaben, in Wahrheit das Heil gewinnen."[12]

(3) Zu den genannten Vereinseitigungen führten vor allem zwei in sich positive Entwicklungen: a) Die Aufmerksamkeit verlagert sich vom Empfänger der Taufe auf den Taufspender.

Beim so genannten *Ketzertaufstreit* im dritten Jahrhundert ging es um die Gültigkeit der von häretischen christlichen Gruppen gespendeten Taufe. Schließlich setzte sich der römische Standpunkt durch, dass die Gültigkeit der Taufe nicht von der Rechtgläubigkeit des Taufspenders abhänge.[13]

In einer Auseinandersetzung des vierten Jahrhunderts konnte *Augustinus* (354–430) klären: Auch von der Heiligkeit des Taufspenders hängt die Wirkung der Taufe nicht ab. *Christus selber ist der primäre Taufspender*: „Mag Petrus taufen, er ist es, der tauft; mag Paulus taufen, er ist es, der tauft; mag Judas taufen, er ist es, der tauft."[14] Damit ist in der Tat eine wichtige Einsicht gewonnen, die auch für den Empfänger der Taufe von höchster Bedeutung ist: Wer die Taufe empfängt, begegnet Christus in – freilich vermittelter – Unmittelbarkeit.

b) *Augustinus* war es auch, der eine bestimmte Wirkung der Taufe überdeutlich herausarbeitete: Sie befreit von der Erbsünde, und gerade *deshalb ist sie absolut heilsnotwendig*. Seine Gegner in dieser Frage – *Pelagius* (350/360 – vor 431) und dessen Anhänger – hatten die eigenen Möglichkeiten des Menschen, Gottes Heil zu erlangen, wohl allzu hoch eingeschätzt. *Augustinus* betont demgegenüber: Alles menschliche Wollen und Tun ist so sehr von der von Adam her kommenden Macht der Erbsünde verdorben, dass der Mensch auch nicht zu dem geringsten Schritt auf dem Weg zum Heil aus eigener Kraft fähig ist. Gott muss schon den entscheidenden ersten Schritt selber tun, indem er in der Taufe von der Erbsünde befreit. Diese Erkenntnis förderte entscheidend die Praxis der Säuglingstaufe: Auch unmündige Kinder sind nach Auffassung des *Augustinus* ohne Taufe auf ewig verloren. *Der allgemeine Heilswillen Gottes und die Hinordnung der Taufe auf die freie Glaubensantwort des Menschen traten in der Folge in den Hintergrund.*

(4) Neben einigen neuen Impulsen bringt das Mittelalter vor allem eine Systematisierung des überkommenen Taufverständnisses. In dieser auch Verengungen einschließenden

Form wird die Tauftheologie vom Lehramt aufgenommen und so bis in unsre Zeit hinein maßgeblich. Ein einflussreiches Dokument der lehramtlichen Tradition, in dem die Grundpositionen der mittelalterlichen Schultheologie, der so genannten *Scholastik*, Aufnahme gefunden haben, ist das Armenierdekret des *Konzils von Florenz* (1438–1445).[15] Es beschreibt im Anschluss an *Thomas von Aquin* die grundlegende Funktion der Taufe (sie ist „Pforte des geistlichen Lebens"), die sakramentale Zeichenhandlung, die sich nach scholastischem Denken aus *Materie* (dem Handlungselement) und *Form* (dem Wortelement, also der Spendeformel) zusammensetzt, Gott als „Hauptursache" und den Spender als „werkzeugliche Ursache" der Wirkung des Sakramentes, dann die Wirkung selber, die Gnade.

Auf dieser Grundlage fasst das *Konzil von Trient* (1545–1563) die katholische Tauflehre der Tradition noch einmal zusammen,[16] wobei hier die Frontstellung gegen die Reformatoren (außer den Wiedertäufern) zurücktritt. Besonders Luther, aber auch andere Reformatoren, hatten in der Tat die Bedeutung der Taufe als Sakrament des Glaubens nachdrücklich unterstrichen. So schreibt *Martin Luther* (1483–1546) in seiner Kampfschrift „Von der babylonischen Gefangenschaft der Kirche" (1520): „‚Gebenedeit sei Gott und der Vater unseres Herrn Jesu Christi' (Eph 1,3), der ‚nach dem Reichtum seiner Barmherzigkeit' (Eph 1,7) wenigstens dieses einzige Sakrament in seiner Kirche ungeschmälert und unbefleckt durch Menschensatzungen erhalten hat und es für alle Völker und alle Stände der Menschen freigehalten hat. Das erste, was bei der Taufe beachtet werden muss, ist also die göttliche Verheißung, die sagt (Mk 16,16): ‚Wer da glaubet und getauft wird, der wird selig werden.' Diese Verheißung muss durchaus aller Pracht der Werke, Gelübde, Klosterregeln und allem, was von Menschen eingeführt ist, vorgezogen werden. Denn an dieser Verheißung hängt unsere ganze Seligkeit. Aber man muss sie so beachten, dass wir den Glauben an ihr üben und ganz und gar nicht zweifeln, dass wir selig sind, nachdem wir getauft sind. Denn wo ein solcher Glaube nicht da ist oder erlangt wird, da hilft die Taufe nicht …"[17] So setzt *Luther* mit der Betonung des Glaubens einen Akzent, der mindestens seit der Tauflehre des Zweiten Vatikanischen Konzils auch in der katholischen Kirche wieder eine entscheidende Rolle spielt.

Das Zweite Vatikanische Konzil als Programm einer erneuerten Tauftheologie

Vorbereitet durch die Liturgische Bewegung des 20. Jahrhunderts und durch Theologen wie *Odo Casel* und *Karl Rahner* setzt das Konzil für das Verständnis der Taufe neue Vorzeichen, wobei auch zurückgetretene Wahrheiten der ganz frühen Tradition wieder zur Geltung gebracht werden. Zusammenfassend bestimmt das Konzil die Bedeutung der Taufe in folgender Weise: „Durch die Taufe der Kirche eingegliedert, werden die Gläubigen durch das Prägemal zur christlichen Gottesverehrung bestellt, und wiedergeboren zu Söhnen Gottes, sind sie gehalten, den von Gott durch die Kirche empfangenen Glauben vor den Menschen zu bekennen."[18]

Mehrfach ist in den Dokumenten des Konzils von der Taufe die Rede: So vor allem in der Liturgiekonstitution (vgl. SC 6; 65–70), sodann in der Kirchenkonstitution (LG 7; 10; 11; 40), schließlich im Ökumenismusdekret (UR 3; 22; 40).[19]

(1) Als Grund der Heilswirkung der Taufe nennt die Liturgiekonstitution den *Einbezug in das Paschamysterium Christi*, d. h. in Christi Tod und Auferstehung, und die Verleihung des Geistes der Kindschaft. So werden die Getauften auch zu Mitträgern der Liturgie, zu „wahren Anbetern, wie der Vater sie sucht". Dass die Taufe nicht wie ein „dingliches Werkzeug" wirkt, sondern Glauben ebenso voraussetzt wie grundlegt, zeigt die Liturgiekonstitution u. a. durch die *Wiederherstellung des Katechumenats* als Zeit der Einführung und Einübung in den Glauben.

(2) Gegenüber einer individualistischen und punktualistischen, d.h. die Taufe auf den Augenblick ihres Vollzugs reduzierenden, Verkürzung ihres Verständnisses, bringt die Kirchenkonstitution wieder den gemeinschaftsbezogenen und den prozesshaften Charakter des Sakramentes zur Geltung: *Es fügt in die Gemeinschaft der Kirche ein* und lässt an ihrer Aufgabe teilhaben. Sie ist damit entscheidende Station auf einem *Weg zum Glauben und im Glauben,* zur Heiligkeit und in der Heiligkeit, wozu alle berufen sind.

(3) Das Ökumenismusdekret schließlich würdigt die ökumenische Bedeutung der Taufe: Zusammen mit dem Glauben wirkt sie die *Rechtfertigung vor Gott* und gliedert in den Leib Christi ein. So sind alle Christen je auf ihre Weise auch mit der katholischen Kirche verbunden (Art. 3). Diese in Christus begründete Einheit bleibt freilich auf volle Verwirklichung hingeordnet (Art. 22).

Ein Beispiel für eine besondere teilkirchliche Rezeption dieser programmatischen Impulse bietet die *Gemeinsame Synode der Bistümer in der Bundesrepublik Deutschland* (1971–1975). In ihrem Beschluss „Schwerpunkte heutiger Sakramentenpastoral" (Nr. 2 und 3)[20] betont sie den unauflöslichen Zusammenhang zwischen Taufe und Glauben. Die Taufe ist beim Erwachsenen entscheidende Marke eines Weges zum Glauben und im Glauben. Beim unmündigen Kind bedeutet sie den Beginn dieses Weges, der vom Glauben der Eltern und Paten, ja der ganzen Gemeinde zu begleiten ist.

Aufgaben, die sich für Taufverständnis und Taufpraxis weiter stellen

Die in der Bibel gründende Tradition und das Konzil stellen nicht nur Theologen und kirchlichen Amtsinhabern, sondern auch allen Christen eine Reihe von *Aufgaben, die zugleich Chancen darstellen.*

(1) Die ökumenische Aufgabe ist eher praktischer Art: Zwischen den christlichen Kirchen gibt es *keinen grundlegenden Dissens über die Taufe*. Um so mehr gilt es, der Forderung zu entsprechen, die in der Taufe begründete Einheit aller Getauften auch im individuellen und kirchlichen Leben konsequent zum Durchbruch zu bringen. Hilfreich sind hier mehrere ökumenische Dialogdokumente, die auch von der Taufe handeln.[21]

(2) Wichtig bleibt es, die Symbolhandlung der Taufe immer wieder neu aufzuschließen, nicht nur die eigentliche sakramentale Handlung, sondern auch ihre liturgische Einbettung. *Der katechetischen Hinführung, die auch künstlerische Gestaltungen aus Vergangenheit und Gegenwart mit heranziehen sollte*, müsste natürlich auch die liturgische Verwirklichung der Taufhandlung entsprechen.

Aufbau und Bedeutung der sakramentalen Zeichenhandlung

Aufbau der Zeichenhandlung	**Elemente der Zeichenhandlung**	**Bedeutung der Zeichenhandlung**
Materielles Element	Wasser	Klarheit – Lebendigkeit – Erfrischende, erneuernde, aber auch zerstörerische Kraft
Handlungselement	Waschung durch Übergießen, Eintauchen, evtl. Besprengung	Reinigung – Untergang und Neugeburt – Indienststellung, Eingliederung
Wortelement, Spendeformel	„N., ich taufe dich im Namen des Vaters und des Sohnes und des Heiligen Geistes."	Transparenz auf Gott und sein Heilswirken in Jesus Christus und im Heiligen Geist.

Symbolische Darstellung des Taufgeschehens aus unsrer Zeit. – © Evita Gründler: Illustration zu 1 Petr 3,21, Acryl auf Holz, 1996.
Zur Darstellung kommen in verschlüsselter Formensprache wesentliche Momente des Taufgeschehens: Der ins Wasser eingetauchte Täufling wird von einer aus der Horizontalen kommenden Hand gehalten, die in ihrer goldgelben Farbgebung zugleich Erleuchtung und Heiligung symbolisieren kann: wohl die Hand des Taufspenders, der im Namen Gottes und der Gemeinde wirksam wird. Die andere von oben kommende Hand – im Original blau – zeigt, wie im Wasser der Taufe die Gnade des Heiligen Geistes – symbolisiert durch eine weiße Taube – reinigend und den inneren Menschen neu schaffend auf den Täufling herabkommt. Die Künstlerin illustriert mit dieser Darstellung den Text 1 Petrus 3,21: „Dem (nämlich der rettenden Arche in der Sintflut) entspricht die Taufe, die jetzt euch rettet. Sie dient nicht dazu, den Körper vom Schmutz zu reinigen, sondern ist eine Bitte an Gott um ein reines Gewissen aufgrund der Auferstehung Jesu Christi…“

(3) Zu sehen und möglichst deutlich – bewusstseinsmäßig und liturgisch – zu realisieren ist auf jeden Fall *der dialogische, kommunikative Charakter der Taufe*. Sie ist ein Geschehen zwischen dem Spender, der Christus und seine Kirche verkörpert, und dem Empfänger bzw. den für ihn Verantwortlichen, die zugleich die Gemeinde repräsentieren.

(4) Nicht nur das *Wie* des Heilswirkens der Taufe, ihr Symbolcharakter, ist immer wieder neu für heutiges Verstehen aufzuschließen, sondern auch das *Was*: Was wirkt die Taufe im Menschen? Auch dabei ist der dialogische Charakter der Taufe zu bedenken. *Gott ruft in Christus den Täufling bei seinem Namen;* er ruft ihn in seine Gemeinschaft und zugleich in die Gemeinschaft der Kirche. Der Mensch darf und soll einmal und immer wieder im Glauben darauf antworten. So wird ihm die Taufgnade, also Gottes Heil, zuteil, was durch das Taufsiegel verbürgt wird. Das Taufsiegel ist dabei die Wirkung der bleibenden Bereitschaft Gottes, sich gerade von diesem Menschen finden zu lassen und sich dem Glaubenden zu seinem Heil zu schenken. Denn nur bei der rechten Antwort des Menschen wird das Sakrament fruchtbar.

(5) In diesem Sinne gilt es dann auch immer neu, *eine heute tragfähige Spiritualität der Taufe* zu entwickeln und im Leben zu verwirklichen. In einer Zeit nicht mehr überschaubarer Lebenschancen aber auch Lebensrisiken, in der Ängste, Isolation, Orientierungslosigkeit und Sinnlosigkeitsdepressivitäten zunehmen, ist es sicher besonders wichtig wissen zu dürfen: *Gott sagt Ja zu mir, er geleitet mich, er lässt sich auch meine Mitmenschen und meine Beziehungen zu den mir Nahestehenden angelegen sein.* Es richtet sich an jeden ganz persönlich die Botschaft, die Gott schon dem alttestamentlichen Bundesvolk zusprach: „Fürchte dich nicht, denn ich habe dich ausgelöst, ich habe dich beim Namen gerufen, du gehörst mir“ (Jes 43,1). Und noch einmal bei Jesaja: „Kann denn eine Frau ihr Kindlein vergessen, eine

Mutter ihren leiblichen Sohn? Und selbst wenn sie ihn vergessen würde: ich vergesse dich nicht. Sieh her: Ich habe dich eingezeichnet in deine Hände" (Jes 49,15f.). – Dieses bleibende Interesse Gottes, das in der Taufe besiegelt wird, ist schon nach Ausweis der Tradition schöpferisch: Der Dreifaltige Gott, der sich selber in der Gnade des Heiligen Geistes dem Menschen mitteilt, ihm, wie es die biblisch begründete Tradition ausdrückt, Anteil an der göttlichen Natur gewährt, dem Menschen seine Freundschaft schenkt, *er lässt dem Menschen grundlegend auch neue Fähigkeiten zukommen: eine neue Befähigung zu Glaube, Hoffnung und Liebe nämlich*. Auf den oft auch dunklen Wegen seines Lebens wird der Getaufte, der sich auf diese gottgeschenkten Fähigkeiten verlässt, sie „übt" und entwickelt, erfahren dürfen: Es gibt festen Halt und sicheres Geleit für mich, für die mir Nahestehenden, für diese Welt; mein Leben und diese verworrene Geschichte haben Sinn und Ziel; die Ursehnsucht des menschlichen Herzens, nicht in Einsamkeit und Isolation zu verkommen, sondern zu lieben und geliebt zu werden, kann und will sich erfüllen, sie erfüllt sich: als Gottes- und Nächstenliebe, als Freundesliebe, nicht zuletzt in der Freundesgemeinschaft, welche die Kirche darstellen soll.[22]

Wenn so die Taufe in ihrer Wirkung wesentlich auf antwortenden Glauben angewiesen ist, dann stellt sich umso dringlicher die Frage nach der Berechtigung der Säuglingstaufe.

Die Frage nach der Berechtigung der Säuglingstaufe

Darf man einen Menschen taufen, der nicht im Glauben zu antworten vermag? Zunächst einmal ist festzustellen, dass die Taufe von unmündigen Kindern eine sehr alte Tradition darstellt und dass sie auch in den Ostkirchen und in den Kirchen der Reformation üblich oder gar geboten ist. Eine

Ausnahme machen im Allgemeinen die evangelischen Freikirchen. Taufe ist bei ihnen generell Glaubenstaufe, d. h. sie kann nur Glaubenden gespendet werden. Abgesehen von den Baptisten machen sie diese aber nicht zur Bedingung für die Aufnahme in die Gemeinde, sondern anerkennen die anderswo gespendete Säuglingstaufe.[23] Erst in neuerer Zeit gibt es auch in der katholischen Kirche eine Diskussion um die Berechtigung der Taufe unmündiger Kinder.

(1) Im Neuen Testament ist die Säuglingstaufe nicht ausdrücklich bezeugt. Einschlussweise spricht für sie vielleicht die Erwähnung der *Taufe ganzer Familien* (1 Kor 1,16) und Häuser (Apg 16,15). Ein Ansatzpunkt lässt sich in der *Kindersegnung Jesu* finden (vgl. Mk 10,13–16 par.). Zu bedenken ist auch Folgendes: Wenn die Taufe in gewissem Sinne an die Stelle der jüdischen Beschneidung trat, so legte es sich zumindest im judenchristlichen Bereich nahe, dass auch die Taufe wie die Beschneidung an Säuglingen vollzogen wurde.

(2) Die Kindertaufe wurde im kirchlichen Altertum nur selten in ihrer Berechtigung bestritten. Seit dem fünften Jahrhundert bekräftigte das kirchliche Lehramt mehrfach ausdrücklich Berechtigung und Bedeutung der Kindertaufe, *zuletzt und maßgeblich beim Konzil von Trient*, wenn auch nicht ihre strenge Notwendigkeit definiert wird.[24]

(3) In der heutigen Diskussion um die Kindertaufe, die vor allem von protestantischer Seite (und hier besonders von dem reformierten Theologen Karl Barth, 1886–1968) ausgelöst wurde, zu der aber auch katholische Theologen beigetragen haben, werden folgende drei Haltungen eingenommen und begründet: *Die Kindertaufe ist nicht sinnvoll und daher abzulehnen. – Die Kindertaufe ist unter gewissen Bedingungen geboten. – Die Kindertaufe ist christlichen Eltern freizustellen.*

Begründungen in der Diskussion um die Säuglingstaufe

Argumente contra	Argumente pro	Argumente für eine Freistellung
Über die Freiheit des Menschen darf nicht von anderen verfügt werden.	Die S. beruht auf einer alten, lehramtlich bestätigten Tradition.	Die Argumente für und gegen die S. halten sich die Waage.
Der Sinn der Taufe fordert die personale Glaubensantwort.	Entscheidende Prägungen und Werte werden dem Menschen vorgegeben.	Die S. ist zusammen mit der christlichen Erziehung so etwas wie eine Einladung zum Glauben.
Viele als Säugling Getaufte bleiben Taufscheinchristen.	Die Taufe ist Beginn eines Weges, der in Freiheit zu gehen ist.	Die S. ist kein unabdingbares Element dieser Einladung
Die S. ist im NT nicht bezeugt.	Die S. ist im NT einschlussweise bezeugt.	
Menschen können auch ohne Taufe zum Heil kommen.	Bei der S. kommt der Gnadencharakter des Heils und der Gemeinschaftscharakter des Glaubens besonders zum Ausdruck.	

(4) Mit dem kirchlichen Lehramt ist davon auszugehen, dass die Säuglingstaufe zwar nicht immer angebracht, aber unter bestimmten Bedingungen geboten ist. Wenn eine christliche Erziehung in keiner Weise gewährleistet ist, dann kann *eine Taufabweisung oder ein Taufaufschub* notwendig werden. Auch in diesem Fall verweigert man dem Kind nicht den Zugang zum Heil, was man früher als Konsequenz ansah. Gott kennt auch andere Wege zum Heil als die real empfangene Wassertaufe. Davon muss noch einmal die Rede sein.

Wenn eine christliche Erziehung zu erwarten steht, wenigstens in Ansätzen, dann ist die Taufe unmündiger Kinder geboten. Dafür spricht vor allem die große, lehramtlich bestätigte Tradition der Kirche. Dabei kann auch die Kindertaufe ein Sakrament antwortenden Glaubens sein: Sie ist der schöpferische Anruf Gottes, der auf die im Leben des Kindes zu gebende Antwort wartet, diese aber auch gnadenhaft trägt. Und sie ist *stellvertretende Antwort der Eltern, der Paten, der ganzen Gemeinde*. Dies ist möglich, weil Gott sich dem Menschen auch durch andere Menschen schenkt. Wie man einem Kind die elterliche Liebe nicht verweigern darf, obwohl sie dieses Menschenkind zutiefst prägt, so auch nicht die Gemeinschaft der Kirche, der Gemeinde, in der sich die Gnade Gottes für den Einzelnen konkretisieren will. Ist die Erwachsenentaufe „Normalfall" der Kirche, insofern sie sich für Menschen missionarisch öffnet, so ist die Kindertaufe Normalfall in der auf Dauer gegründeten christlichen Gemeinde.[25]

Rufen wir für die Möglichkeit und Notwendigkeit der Kindertaufe noch einmal *Martin Luther* zum Zeugen: „Vielleicht wird man meinen Worten die Kindertaufe entgegenhalten: die Kinder verstünden die Verheißung Gottes nicht, könnten auch den Glauben der Taufe nicht haben; deshalb würde entweder der Glaube nicht gefordert oder die Kinder würden vergebens getauft. Hier sage ich, was alle sagen, dass den Kindern mit dem fremden Glauben derer zu Hilfe gekommen werde, die sie zur Taufe bringen. Denn wie das Wort Gottes, wenn es erschallt, fähig ist, auch eines Gottlosen Herz zu verändern, das doch nicht weniger taub und unempfänglich ist als irgendein kleines Kind, so wird durch das Gebet der Kirche, welche das Kind darbringt und den Glauben hat, dem alle Dinge möglich sind, auch das kleine Kind durch den eingegossenen Glauben verändert, gereinigt und erneuert."[26]

Die Frage nach der Heilsnotwendigkeit der Taufe

Heil ereignet sich, *wenn der Mensch auf Gottes gnädige Zuwendung im Glauben antwortet*. Ist dies ausschließlich in der Taufe bzw. auf Grund der Taufe möglich?

(1) Lange Zeit ließ man nur wenige Ausnahmen gelten: die *Bluttaufe*, d. h. den mit Christus unmittelbar verbindenden Märtyrertod eines Ungetauften „um seines Namens willen", und die *Begierdetaufe*, d. h. den ausdrücklichen Wunsch eines Menschen, die Wassertaufe zu empfangen, zu dessen Erfüllung es aber ohne seine Schuld nicht mehr kommt. Ein Zeugnis dafür bietet bereits Bischof *Ambrosius von Mailand* (wahrscheinlich 339–397) in seiner Rede anlässlich der Beerdigung Kaiser Valentinians II.: „Wenn die Märtyrer durch ihr Blut abgewaschen werden, dann wäscht auch diesen seine Frömmigkeit und sein Wollen ab."[27]

Nachdem man im Zeitalter der Entdeckungen sich bewusst wurde, wie viele Menschen schuldlos vom Evangelium Jesu noch nichts gehört haben konnten, erkannte man auch *eine „einschlussweise" Begierdetaufe* an: Jeder, der bereit ist, dem Willen Gottes zu folgen – also auch die Taufe zu empfangen, wenn ihm dies als Wille Gottes deutlich wird –, kann die entscheidende Wirkung der Taufe: die Rettung, das Heil, erhalten.[28] Nach dem Zweiten Vatikanischen Konzil muss man wohl in diesem Fall gar nicht mehr von einer Begierde*taufe* sprechen: Die Bereitschaft des Menschen, dem Willen Gottes – und sei es nur in der Stimme seines Gewissens – zu folgen, *verbindet ihn auf geheimnisvolle Weise mit Christus, dem Ursakrament, und seiner Kirche, dem Universalsakrament, und eröffnet ihm so den Weg zum Heil.*

(2) Aber braucht es dann überhaupt noch die Taufe? Wer dies verneint, vergisst, dass nach dem Neuen Testament der Empfang der Taufe ein *verbindliches Gebot* ist, das jeden verpflichtet, der seinen Anspruch vernommen hat. Er ver-

kennt zugleich den inneren Sinn dieses Gebotes: Die in der Taufe geschehende Eingliederung in die Kirche stellt nämlich selber eine *Dimension des christlichen Heiles* dar, das nicht nur eine Sache des isolierten Einzelnen ist. Gottes „Ja" zum Menschen soll ganz konkret auch durch die Mitglaubenden, die Gemeinde weitergegeben werden; ihre Liebe soll und darf die Liebe Gottes vermitteln. So wird schon in dieser Geschichte etwas vom endgültigen Heil vorweg verwirklicht, *zu dem wesentlich „die Gemeinschaft der Heiligen" gehört*. Die entscheidende Form der Gnade (und der Überwindung der Sünde) ist die in der Taufe geschehende Hereinnahme in die sichtbare Gemeinschaft der von Gott Angenommenen, die sich mit Christus gegenseitig annehmen. Auf dieser Grundlage ruht dann auch die Sendung der Kirche nach außen, an der der Getaufte Anteil erhält.

2. Die Firmung

Annäherungen und Zugangshindernisse

Auch für die, die sich grundsätzlich zu einem kirchlich gebundenen christlichen Glauben bekennen, ist häufig das Sakrament der Firmung schwerer in einen Lebenszusammenhang einzuordnen als die Taufe. Manche haben gute Erfahrungen mit ihrer eigenen Firmung oder der Firmung Nahestehender gemacht, für nicht wenige sind diese Erfahrungen aber auch recht zwiespältig gewesen. *Für die einen wie die anderen mögen sich mit der Firmung offene Fragen verbinden*, die vielleicht einen theologischen Hintergrund haben, manchmal auch mit theologisch ungelösten Fragen zusammenhängen.

Eine Firmung ist viel mehr als die Taufe *ein kirchliches Öffentlichkeitsereignis*, bei dem der Einzelne innerlich vielleicht nur schwer seinen Platz findet. Die Menge der Firmlinge und ihrer Angehörigen, das Warten, bis man dran ist, möglicherweise eine fremde Kirche, Ratlosigkeit, wie man diesen Tag weiter feiern, wer dazu eingeladen werden soll, *das sind nur einige der möglichen Beirrungen.* Aber vielleicht sind die Eindrücke der eigenen Firmung oder der Firmung Nahestehender auch groß und bleibend: ein festlicher Gottesdienst, eine wirkliche Feierlichkeit der Liturgie – heute oft mit der Eucharistiefeier verbunden –, bei der doch das konkrete Leben nicht draußen geblieben ist; auch die Begegnung mit dem Firmspender, meist einem Bischof; *das alles offen für die Erfahrung der Gemeinschaft und darin eines Größeren, das erfüllt, in Dienst nimmt und Richtung gibt*; die Feier in der Familie oder der Gruppe, mit der man sich schon vorher gemeinsam auf die Firmung vorbereitet hat. Zwischen solchen dunkleren und lichteren Erfahrungen wie Erinnerungen gibt es manche Abstufungen und Zwischenwerte.

Mit den Erfahrungen können sich grundsätzlichere Fragen verbinden: Ist die Firmung zu Recht zum eigenständigen Sakrament geworden? Was soll dieses Sakrament über die Taufe hinaus bringen? Welcher Grundsituation menschlichen Lebens ist die Firmung zuzuordnen?

Ist die Firmung wirklich eigenständiges Sakrament? *Ein Blick in die Geschichte zeigt, dass sie sich erst im Laufe von Jahrhunderten aus der Taufe herausentwickelt hat.* Dies geschah nicht zuletzt deswegen, weil die Bischöfe als originäre Firmspender nicht zugleich allen die doch als heilsnotwendig angesehene Taufe spenden konnten und dieser Teil der Taufe, der dem Bischof vorbehalten war, dann später in einer „Firmreise" des Bischofs nachgeholt werden musste. In der Ostkirche, wo man die Sakramentalität der Firmung[29] anerkennt, ist bis heute die Einheit in der Spendung der Initiationssakramente erhalten geblieben, in der römisch-katholischen Kirche wurde sie in bestimmten Fällen wiederhergestellt. Evangelische Christen erkennen die Firmung nicht als Sakrament an; in ihrer *Konfirmation* sehen sie Prüfung, Bekenntnisfeier, Gemeindeaufnahme und „Einsegnung" junger Christen. Sie machen dabei darauf aufmerksam – auch von katholischen Exegeten unterstützt –, dass das Schriftzeugnis für eine eigenständige Firmung auf schwachen Füßen steht.

Und was könnte der Ertrag des Firmsakramentes sein? Bereits der Taufe wird im Neuen Testament und auch in der kirchlichen Lehre das Geschenk des Geistes Gottes zugeschrieben. Was bleibt dann für die Firmung? Das kann doch nicht ein größeres „Quantum" an Heiligem Geist sein – ein im Grunde unmöglicher Gedanke!

Und in welche Lebenssituation gehört die Firmung: die Berufsentscheidung, den Eintritt ins Berufsleben, die Eingliederung in Gesellschaft und christliche Gemeinde als mündig-verantwortliches Mitglied? Oder bedeutet sie das bewusste Einschlagen eines bestimmten Lebensweges, eine grundlegende Sinnorientierung? Aber solche Situationen sind altersmäßig nur sehr schwer zu fixieren. Kann man sie auf ein bestimmtes allgemeingültiges Firmalter einengen?

Biblische Ansatzpunkte für die Firmung

Zur neutestamentlichen Begründung des Sakramentes der Firmung *verwies man früher insbesondere auf Texte der Apostelgeschichte*. So auf Apg 8,14–17: „Als die Apostel in Jerusalem hörten, dass Samarien das Wort Gottes angenommen hatte, schickten sie Petrus und Johannes dorthin. Diese zogen hinab und beteten für sie, sie möchten den Heiligen Geist empfangen. Denn er war noch auf keinen von ihnen herabgekommen; sie waren nur auf den Namen Jesu, des Herrn, getauft. Dann legten sie ihnen die Hände auf, und sie empfingen den Heiligen Geist." Dieser Text bezeugt nach heutiger Exegese nicht ein eigenständiges Firmsakrament; *er will zeigen, dass die eher private Missions- und Tauftätigkeit des „Diakons" Philippus erst durch die Apostel, also in der Einheit der Kirche, voll fruchtbar wird.*

Ähnlich ist es bei dem Text Apg 10,44–48: Er will die Taufe von Heiden unmittelbar auf Gottes Wirken und Willen zurückführen. Und Apg 19,1–7: Dieser Text will ähnlich wie der erste aussagen: Zur einen, apostolischen Kirche als dem besonderen Wirkbereich des Heiligen Geistes gehört man erst dann richtig, *wenn man unter der Leitung der von Jerusalem aus wirkenden Apostel steht*.

Immerhin wird in den angeführten Texten *die Handauflegung als Zeichen der Herabrufung und Herabkunft des Heiligen Geistes* bezeugt, und es wird darauf aufmerksam gemacht, dass zumindest in Ausnahmefällen Wassertaufe und Geistempfang auseinander treten können. In Ausnahmefällen: Denn die Mitteilung des Heiligen Geistes ist nach dem Gesamtzeugnis des Neuen Testamentes normalerweise an die Taufe gebunden.

Eher noch wichtiger als diese Ansätze ist der allgemeine

biblische Hintergrund: das Zeugnis vom Wirken des Heiligen Geistes im Leben des einzelnen Glaubenden, in der Glaubensgemeinschaft, in der ganzen Heilsgeschichte. Die Schriftbegründung der Firmung kann wohl überhaupt „nur im Rahmen einer umfassenden neutestamentlichen Theologie des Geistes und der Taufe“[30] versucht werden. Ein Hinweis muss hier genügen: Nach biblischem Zeugnis empfangen Menschen im Zusammenhang mit ihrer Berufung, bei der Einsetzung in ihr Amt, bei Beginn ihres öffentlichen Wirkens den Heiligen Geist, der sie antreibt, ihnen Kraft gibt und zugleich ihrem Wirken „Durchschlagskraft“ verleiht: Propheten, Könige, vor allem Jesus selber, die Apostel. Jesus empfing bei seiner Taufe durch Johannes den Heiligen Geist, obwohl dieser vom Anfang seiner Existenz an in ihm wohnte (vgl. Lk 1,35). Heiliger Geist befähigte ihn nun zu Beginn seiner öffentlichen Wirksamkeit, seine messianische Berufung zu leben und sich davon endgültig in Dienst nehmen zu lassen: „Und als er aus dem Wasser stieg, sah er, dass der Himmel sich öffnete und der Geist wie eine Taube auf ihn herabkam. Und eine Stimme aus dem Himmel sprach: ‚Du bist mein geliebter Sohn, an dir habe ich Gefallen gefunden‘“ (Mk 1,9–11 par.). Der Träger des messianischen Amtes war nach dem Alten Testament wie kein anderer, ja geradezu *für* die anderen, mit dem Heiligen Geist und dessen Gnadengaben ausgestattet: „Der Geist des Herrn lässt sich nieder auf ihm: der Geist der Weisheit und der Einsicht, der Geist des Rates und der Stärke, der Geist der Erkenntnis und der Gottesfurcht“ (Jes 11,2).[31]

So lässt sich fragen: Sollte es auf diesem Hintergrund nicht legitim sein und Jesu Intentionen entsprechen, wenn die Kirche ein eigenes Sakrament entwickelt hat, bei dem im Zusammenhang mit der Erwachsenentaufe oder auch Jahre nach der Säuglingstaufe ein Mensch zu seinem Getauftsein „Ja“ sagt, *sich vom Geiste Gottes für seine eigenste christliche und menschliche Berufung in Dienst nehmen lässt* und zugleich dankbar die Beistandsverheißung dieses Schöpfer-

Geistsendung. – © Staatsbibliothek Bamberg: Msc. Bibl. 140. 73 v.
Die im Kloster Reichenau vor 1020 entstandene Buchmalerei zeigt, wie der Geist mit seinen Gaben die Apostel gleichsam zum Brennen bringt, sie begeistert, und so zu ihrem Dienst befähigt.

geistes für seine Aufgabe empfängt? Man wird diese Frage nur bejahen können.

Die geschichtliche Entwicklung des Firmsakramentes und der Firmtheologie

(1) Es wurde schon darauf hingewiesen: In der frühen Kirche entwickelte sich nur allmählich das Bewusstsein, dass die mit der Taufe verbundenen Riten der Handauflegung oder der Salbung mit Chrisam ein eigenständiges Sakrament darstellen könnten, dessen Spendung gegebenenfalls noch lange nach der Taufe möglich ist. In der Kirche des Westens, *wo die genannten Riten dem Bischof vorbehalten waren*, wurde es erst bis ins zwölfte Jahrhundert allgemein üblich, der im Säuglingsalter gespendeten Taufe diese „bischöfliche Vollendung der Taufe" nun als Sakrament der Firmung „in den Jahren der Unterscheidung" (zwischen 7. und 12. Lebensjahr) folgen zu lassen. Im Osten der Kirche blieb die Einheit der Initiationssakramente erhalten, wenn sich auch hier im Laufe der Zeit das Bewusstsein von einer zumindest relativen Eigenständigkeit des Firmsakramentes entwickelte.

Ein erstes lehramtliches *Zeugnis für die in einer Notsituation mögliche und notwendige zeitliche Trennung von Taufe und bischöflicher „Vollendung der Taufe"* bietet die *Synode von Elvira* (um 300), die festlegt: „Wenn man sich auf einer weiten Seefahrt befindet oder wenn eine Kirche nicht in erreichbarer Nähe ist, so kann ein Gläubiger, der seine Taufe unversehrt hält und kein Bigamist ist, einen in die Notsituation der Krankheit gestellten Katechumenen taufen, und zwar so, dass man ihn, wenn er überlebt, zum Bischof führt, damit er durch Handauflegung vollendet werden kann ... Wenn ein Diakon, der das Volk leitet, ohne Bischof oder Priester irgendwelche Menschen getauft hat, so wird der Bischof sie durch seinen Segen vollenden müssen."[32]

(2) Aus Elementen der Vätertheologie, die nun im Sinne

des allgemeinen Sakramentenverständnisses systematisiert werden, *entwickelt sich im zwölften Jahrhundert eine eigenständige Theologie der Firmung*, die bald in lehramtliche Dokumente eingeht, dann aber in der Reformation grundlegend bestritten wird.

Aufbauend auf den theologischen Überlegungen des *Hugo von St. Victor* (Ende 11. Jh.–1141)[33] baut *Thomas von Aquin* die übernommenen Elemente zu einer Theologie der Firmung aus, die auch für die Folgezeit maßgeblich wird. *Die Eigenständigkeit der Firmung untermauert er mit anthropologischen Erwägungen* („In der Firmung aber empfängt der Mensch gleichsam das Vollalter des geistlichen Lebens"). Entsprechend deutet er auch das sakramentale Zeichen, nämlich die Salbung mit Chrisam, einer Mischung von Olivenöl und Balsam, *als Zeichen der Fülle des Heiligen Geistes „zum geistigen Starksein" und der Kommunikation mit anderen.*[34]

Wesentliche Elemente der Firmtheologie des Thomas von Aquin gehen in Dokumente des kirchlichen Lehramtes ein. So legt das *Konzil von Florenz* in seinem schon zitierten Lehrentscheid für die Armenier, der allerdings keinen Anspruch auf Unfehlbarkeit erheben kann, auch die Lehre von der Firmung dar. Hier begegnen folgende Kernaussagen:[35]

- Die Firmung ist eines der sieben Sakramente des Neuen Bundes.
- Wie Taufe und Weihesakrament prägt auch die Firmung „der Seele ein Merkmal" ein, „das heißt ein unzerstörbares geistiges Zeichen".
- „Durch die Firmung wird unsere Gnade gemehrt und unser Glaube gestärkt." Insbesondere besteht die Wirkung des Sakramentes darin, „dass in ihm der Heilige Geist zur Stärkung gegeben wird ... damit der Christ mit Mut Christi Namen bekenne."
- „Der ordentliche Spender ist der Bischof."
- Die sakramentale Zeichenhandlung setzt sich zusammen aus der Salbung mit Chrisam und den Worten: „Ich zeich-

ne dich mit dem Zeichen des Kreuzes und stärke dich mit dem Salböl des Heils im Namen des Vaters und des Sohnes und des Heiligen Geistes."

Nachdem dann später die Reformatoren übereinstimmend die Sakramentalität der Firmung geleugnet hatten und sie höchstens als sinnvollen Brauch gelten lassen wollten, *bestätigte das Konzil von Trient (1545–1563) noch einmal ausdrücklich die Firmung als eigenständiges Sakrament* und unterstrich die Lehre vom Bischof als dem ordentlichen Firmspender, letzteres allerdings weniger exklusiv als das Konzil von Florenz.[36]

Schon bei diesem kurzen geschichtlichen Durchblick deutet sich an, dass es beim Sakrament der Firmung ein gewisses Schwanken hinsichtlich der sakramentalen Zeichenhandlung gibt. Während beispielsweise der genannte Hugo von St. Victor im Anschluss an eine altkirchliche Tradition das materiale Element der Firmung in der *Handauflegung* sieht, erblickt das Armenierdekret ebenfalls im Anschluss an ältere Traditionen und an Thomas von Aquin die Materie des Sakramentes in der *Chrisamsalbung*. Die heute gültige Form, von der noch einmal die Rede sein muss, fasst beides zusammen. Es zeigt sich auch hier, dass von einer genauen Festlegung aller sakramentalen Zeichenhandlungen durch Jesus Christus selber, wie sie früher zeitweilig behauptet wurde, nicht die Rede sein kann.

Neue Akzente des Firmverständnisses durch das Zweite Vatikanische Konzil

Bis ins zwanzigste Jahrhundert hinein blieb die katholische Firmtheologie in den durch das Armenierdekret und das Konzil von Trient bestimmten Denkbahnen. *Neue Impulse brachte erst die Zeit vor dem Zweiten Vatikanischen Konzil und das Konzil selber.*

Einen entscheidenden Beitrag in der Vorbereitung leistete *Karl Rahner*. Er konkretisiert seinen sakramententheologischen Grundansatz – die Sakramente als qualifizierte Selbstvollzüge, als Verwirklichungen des Ursakramentes Kirche in bestimmte Situationen hinein – auch für die Firmung: *Sie ist Teilhabe am Auftrag der Kirche „zur verklärenden Heimholung der Welt in das Reich Gottes"*. „Die Firmbeauftragung des Christen ... ist nicht so sehr die Gnade einer individuellen Besorgung seines eigenen Seelenheiles, sondern die charismatische (= für andere segensreiche) Gabe, an der Sendung der Kirche mitzuarbeiten durch alle Gaben, die dem Heil aller dienen können."[37]

Das *Zweite Vatikanische Konzil* machte nicht sehr viele, aber wichtige und grundlegende Aussagen zur Firmung. Zusammenfassend heißt es in der Kirchenkonstitution: „Durch das Sakrament der Firmung werden sie (die Gläubigen) vollkommener der Kirche verbunden und mit einer besonderen Kraft des Heiligen Geistes ausgestattet. So sind sie in strengerer Weise verpflichtet, den Glauben als wahre Zeugen Christi in Wort und Tat zugleich zu verbreiten und zu verteidigen."[38] In der Kirchenkonstitution wird auch festgestellt, die Bischöfe seien die *originären*, die erstberufenen Firmspender.[39] In früheren lehramtlichen Aussagen war der Bischof als „ordentlicher" Firmspender bezeichnet worden. Die neue Formulierung lässt mehr Raum für die Beauftragung weiterer priesterlicher Firmspender durch den Bischof. Sie zeigt darüber hinaus Respekt vor der Praxis der Ostkirche, wo jeder Pfarrer firmen darf und dem Bischof nur die

Weihe des Salböls vorbehalten ist. Übrigens kann im Falle einer Erwachsenentaufe oder einer Konversion der beteiligte Priester von Rechts wegen die Firmung spenden (vgl. CIC can. 883).

Kernaussagen des 2. Vatikanischen Konzils zur Firmung

Kernaussagen	Fundort
Taufe und Firmung gehören zusammen.	LG 11; SC 71
Sie verbinden mit Christus, dem Haupt.	AA 3
Die Firmung verbindet vollkommener mit der Kirche.	LG 11; AA 3
Die Firmung schenkt eine besondere Kraft des Heiligen Geistes.	LG 11; AA 3
Sie befähigt und verpflichtet so nachdrücklich zum Apostolat, zur Verwirklichung der christlichen Berufung, und dies nicht erst auf Grund oberhirtlicher Beauftragung.	LG 11; AA 3
Die Bischöfe sind originäre, erstberufene Firmspender.	LG 26

Firmtheologie im Geiste des Zweiten Vatikanischen Konzils: Ausfaltungen und Aufgaben

Vorausgeschickt sei die *wichtige Neuordnung des Firmritus*, die Papst *Paul VI.* 1971 verfügte, um damit einem Auftrag des Konzils nachzukommen. Das Sakrament soll besser verstanden werden können, es soll deutlicher bezeichnen, was es bewirkt; sein Zusammenhang mit der gesamten christlichen Initiation soll besser zum Ausdruck kommen: „Darum verfügen und bestimmen wir kraft unserer Höchsten Apostolischen Autorität, dass in der Lateinischen Kirche das Folgende beachtet werde, damit der Ritus der Firmung, so wie er in Erscheinung tritt, sich in entsprechender Weise auf den Wesenssinn eben dieses sakramentalen Ritus beziehen lasse: ‚Das Sakrament der Firmung wird gespendet durch die Salbung mit Chrisam auf der Stirne, die unter Auflegung der Hand geschieht, und durch die Worte: Empfange die Besiegelung mit der Gabe des Heiligen Geistes'".[40] Die Deutsche Bischofskonferenz hat für die Spendeformel folgende deutsche Übersetzung gebilligt: „N.N., sei besiegelt durch die Gabe Gottes, den Heiligen Geist."

In der Ausgestaltung der Firmtheologie des Konzils werden heute unterschiedliche Ansätze vorgelegt, *für die hier eine Synthese, auch unter spirituellem Gesichtspunkt, versucht werden soll.*

(1) Drei unterschiedliche Akzente werden in der heutigen Firmtheologie gesetzt:

- Man betont bei der Firmung besonders die engere Verbindung mit Christus und seiner Sendung, also *das christologische Moment*;
- man betont vorrangig die festere Eingliederung in die Kirche und ihre Aufgabe, also *das ekklesiologische Moment*;
- man betont schließlich vor allem die vom einzelnen Menschen geforderte Entscheidung zur eigenen Taufe und zu bewusstem Christsein in Kirche und Welt, also *das individual-anthropologische Moment*.

Daneben gibt es Stimmen, die in jedem Fall für eine Art Rücknahme der Firmung in die Taufe plädieren.[41]

(2) Wenn man an der Firmung als eigenständigem Sakrament festhalten – wofür entscheidende Gründe sprechen – und sie nicht lediglich als ein Teilmoment der Taufe sehen will, dann wird man die drei genannten Aspekte oder Deutungen in einer Synthese zusammenbringen müssen.[42] Wichtig ist dabei gerade heute der Aspekt der *persönlichen Entscheidung zum Christsein* als persönlicher Berufung.[43] In unsrer Zeit, die ein christliches Milieu, in das man einfach hineinwächst, kaum mehr kennt, *muss dem jungen Menschen eine besondere Chance geboten werden, sich das zu Eigen zu machen, was ihm in Taufe, Erziehung und christlicher Unterweisung schon vorgegeben oder angeboten wurde.* Diese Chance zur Entscheidung wird in der Firmung aber

nicht als rein menschliche Veranstaltung inszeniert. Das Sakrament bedeutet die Verheißung, dass Gott sich dem Menschen in Christus und seinem Heiligen Geist aufs Neue in besonderer Weise zuwendet und so auch die Glaubensantwort neu ermöglicht. Sollte diese Antwort bei der Firmung nicht zustande kommen, so zieht Gott seinen schöpferischen Anruf doch nicht zurück, die neue Chance bestimmt den Menschen bleibend als *Firmcharakter* oder *Firmsiegel*. Wenn jemand die Firmung ohne die rechte innere Antwort und damit ohne Frucht empfangen hat, so kann er doch immer wieder in seinem Leben auf das Angebot Gottes, das gerade ihm gilt, zurückkommen. Aber nicht nur in diesem Fall: Auch wer das Firmsakrament „fruchtbar“ empfangen hat, darf sich darauf verlassen, dass sich ihm der empfangene Heilige Geist in den Situationen seines Lebens, wo er ihn besonders braucht, je neu schenken wird, *dass er ihn besonders in Anspruch nehmen darf*.

Ist so bei der Firmung der Aspekt der persönlichen Entscheidung gerade heute besonders wichtig, so darf dabei auch das ekklesiologische Moment nicht vernachlässigt werden. *Die Gemeinschaft der Gläubigen, das Miteinander der Menschen gehört wesentlich zum geglückten Christsein, zum geglückten Menschsein*. Auch dieses Beziehungsnetz also ist Gabe und Aufgabe der Firmung. Dass schließlich alle diese Gaben und Aufgaben durch die enger geknüpfte Verbindung mit Christus, dem Herrn, dem Freund, dem Bruder, lebbar werden, das ist christliche Grundüberzeugung.

(3) Man kann vielleicht das, was in der Firmung gegeben und aufgegeben wird, auch als *Indienstnahme des Menschen für das Reich Gottes* kennzeichnen, *wodurch ihm zugleich der ureigenste Sinn seines Lebens zugewiesen wird* und er erkennen kann: „Dafür lohnt es sich zu leben, das ist für mich mit meinen Gaben und Grenzen eine sinnvolle Aufgabe, hier kann ich mich einbringen, hier kann ich in der Hingabe nicht nur an eine größere Sache, sondern an den mir begegnenden Größeren, den Herrn, mich selber finden;

ich kann erkennen, wozu ich berufen bin." Indienstnahme für das Reich Gottes bedeutet freilich nicht, dass das Leben nun in einer unablässigen Folge kirchlicher, frommer Aktivitäten und begeisterter Initiativen oder gar schweißbedeckter religiöser Pflichterfüllungen bestehen müsse. *Das Reich Gottes als Inbegriff aus und mit Gott durch Christus im Heiligen Geist geglückter menschlicher Gemeinschaft verwirklicht sich durchaus auch im zweckfreien Miteinander der Menschen* in Frieden, Liebe und Gerechtigkeit, in Fest und Feier, in Freude und Spiel (vgl. 1 Kor 10,31). Indienstnahme bedeutet damit eine neue Freiheit, sich in Hingabe selbst zu finden.

(4) Auch wenn die Firmung ein selbstständiges Sakrament ist, so gehört sie doch sehr eng zur Taufe; *sie ist sakramentale „Vollendung der Taufe"*. Wenn man dies realisiert, dann mag sich allerdings noch einmal die Frage stellen: Wird nicht der Heilige Geist schon in der Taufe verliehen? Was kann die Firmung darüber hinaus noch bringen, etwa ein „Mehr" an Heiligem Geist? *Man wird sich gerade auch hier von einem quantitativen Denken frei machen müssen*. Wenn Gott sich in seinem Heiligen Geist schenkt, schenkt er sich immer ganz, nicht einen Teil. Dennoch ist ein *Wachstum an Innigkeit und Intensität* möglich oder einfach jene *Erneuerung in der Zuwendung*, wie sie dem Menschen zugleich neue Kraft, Lebensenergie, Begeisterung zuschickt, wenn er sich davon ergreifen lässt. So etwa, wie zwischen Liebenden, die sich ihrer Liebe von Anfang an sicher sein dürfen, doch jede neue Zuwendung – schon ein Zulächeln – ebenso Vertiefung der Liebe wie Ermutigung und neue Lebenskraft, Trost und Freude bringen kann. Die Firmung ist natürlich mehr, aber ist sie nicht auch ein neues Zulächeln Gottes?

Wichtig ist auf alle Fälle: Wo es sich um personale Wirklichkeit handelt, die Begegnung zwischen Gott und Mensch, da kommt diese Wirklichkeit erst voll zustande, wo der göttlichen Gabe die menschliche Annahme entspricht, der Gabe des Geistes die gläubige Annahme dieses Geistes durch den

Menschen – wo wir dem uns zulächelnden Gott auch zurücklächeln.

(5) Es wurde schon darauf hingewiesen: In den Ostkirchen blieb die Firmung stets unmittelbar mit der Taufe verbunden, die Reformatoren lehnten sie als eigenes Sakrament ab. Eine katholische Firmtheologie, die die Einheit der Initiationssakramente und insbesondere die Zusammengehörigkeit von Taufe und Firmung betont, die zugleich den Charakter der Firmung als von Gott her wirksames Sakrament der Indienstnahme unterstreicht, könnte neue Gesprächsmöglichkeiten eröffnen.

(6) In der Frage nach dem rechten Firmalter werden im deutschsprachigen Raum verschiedene Möglichkeiten diskutiert und zum Teil auch praktiziert, *wobei im Hintergrund auch unterschiedliche theologische Akzentsetzungen stehen*. Der Basler Bischof *Kurt Koch* kennzeichnet diese Optionen, sowie ihre Vor- und Nachteile in folgender Weise:[44]

> „An der Aufrechterhaltung der ursprünglichen Reihenfolge der Initiationssakramente (Taufe – Firmung – Eucharistie) sind … jene Theologen interessiert, die sie im früher sogenannten ‚Unterscheidungsalter', etwa im 7. Lebensjahr, ansiedeln wollen … In derselben Stoßrichtung hat sich auch Hans Küng für die Spendung der Firmung vor der Erstkommunion ausgesprochen … Nicht nur aus historisch-theologischen Gründen, sondern auch in einer glaubensanthropologischen Sicht entbehrt dieser Vorschlag nicht jeder Evidenz. Denn in diesem Alter könnte die Firmung durchaus den Sinn haben, dass das Kind beim Schulbeginn und damit bei seinem ersten Eintritt in den Bereich des öffentlichen Lebens die Hilfe der Stärkung durch das Firmsakrament empfängt. Auf der anderen Seite aber würde diese Lösung zu einer Kumulation von religiösen Schwerpunkten im Kindesalter führen (Erstbeichte, Firmung, Erstkommunion), die sich religionspsychologisch kaum als sinnvoll dartun lässt."

> „Die hierzulande zumeist (noch?) übliche Praxis der Firmung im beginnenden Pubertätsalter, etwa im 12. Lebensjahr, kann selbstverständlich auch gute Gründe für sich buchen. Zweifellos kann der Jugendliche in diesem Alter

bereits manche Aspekte des Firmsakramentes verstehen ... Auf der anderen Seite ist aber dieses Firmalter gerade mit jenen Problemen behaftet, die den Anlass gegeben haben, über das Firmalter nachzudenken“: u. a. mangelnde Motivation und atmosphärische Störungen. – „Das Firmsakrament enthält freilich auch Perspektiven und Facetten, die der Mensch erst im Adoleszenzalter, etwa zwischen dem 17. und dem 20. Lebensjahr, verstehen und realisieren kann ... In dieser Lebenssituation kann das Sakrament der Firmung einen dem natürlichen Wachstumsprozess angemessenen Abschluss der Eingliederung in die Kirche bilden, und das Geschenk der Firmung kann erkannt werden als sakramentale Befähigung und Beauftragung zum christlichen Leben und Zeugnis in der Welt der Erwachsenen ... [Eine entsprechende Firmtheologie und Firmpraxis] steht freilich in der Gefahr, die Firmung zu einem Sakrament des christlichen Apostolates umzudeuten“, das nur für die besonders Engagierten bestimmt ist.

„Dieselben Bedenken gelten selbstredend erst recht für den Vorschlag der Firmspendung im frühen Erwachsenenalter, also etwa zwischen dem 20. und 30. Lebensjahr ... Aber man wird ihr (dieser Position) trotzdem attestieren können, dass sie nur die letzte Konsequenz des Verständnisses der Firmung als Sakrament der christlichen Reife darstellt.“

Für die noch unabgeschlossene Diskussion über das rechte Firmalter gibt Kurt Koch grundsätzlich zu bedenken, dass ja auch das Sakrament der Firmung Beginn eines Weges ist, nämlich eines verantworteten christlichen Lebens. „In diesem Sinne ist die Firmung nur eine vorläufige, näherhin dem ganzen Leben vorauslaufende Besiegelung der Taufe. Denn erst im alltäglichen Leben des christlichen Glaubens kommt an den Tag, was mit der Firmung intendiert war.“[45] Diese Einsicht bedeutet eine Aufgabe: Der Weg des Gefirmten bedarf weiterer pastoraler Begleitung. Es bedeutet aber auch eine Entlastung: Man muss die Firmung nicht mit Entscheidungsdruck überstrapazieren. Der Heilige Geist, der zum Menschen gekommen ist, kommt immer wieder neu.

Eine absolut zwingende Lösung der Frage nach dem rechten Firmalter gibt es wohl kaum. Eine „mittlere“ Lösung stellt weiter die häufig praktizierte Firmung zwischen dem 11. und 14. Lebensjahr dar, *ein Alter, in dem sicher schon Grundentscheidungen des Lebens zumindest angebahnt werden können.* Daneben sollte es als zusätzliche Möglichkeit die Chance zu einem Empfang des Sakramentes geben, der erst später erfolgt, wenn ein Mensch sich wirklich entschieden hat. – Der Herausgeber dieser Buchreihe, Wolfgang Beinert, gibt in einer privaten schriftlichen Mitteilung „als Firmalter den Schulabschluss (15 bzw. 18/19 Jahre)“ zu bedenken. „Hier beginnt für einen jungen Menschen in unseren Breiten auf jeden Fall eine neue und sehr relevante Lebenssituation, der direkte oder indirekte Einstieg in den Lebensberuf. Hier wäre ein eigenes Sakrament mehr als angebracht.“

3. Die Eucharistie

Annäherungen und Zugangsschwierigkeiten

Die Eucharistie ist eines der sieben Sakramente der Kirche. Zugleich zeigt sie in Gestalt und Vollzug Besonderheiten, die auf ihre einzigartige Stellung und zentrale Bedeutung hinweisen, aber auch Fragen und Probleme aufgeben.

(1) Auf die besondere Bedeutung der Eucharistie verweist schon die Tatsache, dass sie nicht nur an Sonntagen, sondern, wo es in den Gemeinden möglich ist, auch an Werktagen (außer dem Karfreitag) gefeiert wird *und so für viele katholische Christen als Gottesdienst schlechthin gilt*. Ob in feierlicher Sonntagsgestalt oder im schlichteren Werktagsgewand: immer ist die Feier des Sakramentes mit einem „eigenwertigen" Wortgottesdienst verbunden: *Wortgottesdienst und Sakrament bilden eine einzige zusammengesetzte Feier*, deren Liturgie nicht nur aus gleichbleibenden Teilen besteht, sondern auch nach Anlass bzw. Kirchenjahr wechselnde Teile einschließt.

(2) Auf die Besonderheit dieses Sakramentes verweisen aber auch *die verschiedenen Namen und Bezeichnungen, die man ihm im Lauf der Zeit gegeben hat*. Die früheste und in der Geschichte verbreitetste Bezeichnung *Eucharistie* bedeutet Danksagung und geht auf Jesu Danksagung beim Letzten Abendmahl zurück (vgl. 1 Kor 11,24 par.; Mk 14,23 par.). – Andere Namen biblischen Ursprungs sind *Herrenmahl* (1 Kor 11,20) und *Brotbrechen* (vgl. Apg 2,42). Späterer Zeit – nämlich dem sechsten Jahrhundert – entstammt die Bezeichnung *Messe*, was ursprünglich nur den Schluss des Gottesdienstes, die Entlassung (*missa*) mit einem Segensgebet, bezeichnete, heute aber in seiner Bedeutung die ganze aus Wortgottesdienst und Sakrament zusammengesetzte Feier umfasst. Weitere Bezeichnungen sind *Heiliges Opfer* oder *Messopfer*, und – in ähnlicher

Weise auf ein charakteristisch katholisches Moment des Eucharistieverständnisses hinweisend – *Altarsakrament.* Gelegentlich nennt man die Eucharistie auch *Sakrament des Herrenleibes (Fronleichnam),* was auf den Glauben an die wirkliche Gegenwart Christi in den gewandelten Gaben von Brot und Wein verweist, oder auch *Dienst* und *Amt* (z.B. in der Verbindung *Hochamt*), was die Eucharistie als eine entscheidende Form des Gottesdienstes der Kirche charakterisiert. Die verschiedenen Namen können in der Tat die innere Fülle und die Bedeutung dieses Sakramentes andeuten. Sie können aber auch Fragen stellen und auf Probleme hinweisen.

(3) Schon der theologische Laie kann sich fragen: *Wie passt das alles zusammen: z. B. Opfer und Mahl und die wirkliche Gegenwart Christi unter den gewandelten Gestalten von Brot und Wein?* Was bedeutet das jeweils? Und warum braucht man dafür einen geweihten Priester, der seinerseits Jesus Christus darstellt? Was bedeutet dieses Sakrament für mich und meine Mitchristen, warum ist es so zentral, wo doch das Abendmahl für evangelische Christen sicher nicht dieselbe Spitzenstellung einnimmt?

Diese Fragen, in denen es auch heute noch Unterschiede zwischen Katholiken und Protestanten gibt, beschäftigen natürlich auch die Theologen und sind – mit wachsenden Übereinstimmungen – Gegenstand des ökumenischen Gesprächs. Um die Stichworte noch einmal zu nennen:

- Es geht um den *Opfercharakter* der Eucharistie – wie kann das eine Opfer Christi je von neuem als Opfer der Kirche dargebracht werden?
- Es geht um das Verständnis der *Realpräsenz*, d. h. der Gegenwart Christi in den gewandelten Gaben von Brot und Wein – in welchem Sinne kann dafür die Lehre von der *Wesensverwandlung (Transsubstantiation)* noch hilfreich sein?
- Und es geht um den *Mahlcharakter der Eucharistie* – ist die Eucharistie nicht in erster Linie gläubige Mahlgemein-

schaft mit Jesus als dem eigentlichen Gastgeber, was soll dabei der opfernde Priester?

- Was ist schließlich das *Einende, das Einheitsprinzip* dieser verschiedenen Aspekte?
- Und, unter welchen Bedingungen ist die *Interkommunion*, die Kommuniongemeinschaft unter den christlichen Kirchen, möglich, ja geboten?

Grundlage für eine Antwort auf diese Fragen ist wie immer das Zeugnis der Bibel bzw. des Neuen Testamentes.

Die Eucharistie im Zeugnis des Neuen Testamentes

Das auch für heute maßgebliche Glaubensverständnis der Eucharistie kommt in den *Abendmahlsberichten oder Einsetzungsberichten*, wie sie sich in den synoptischen Evangelien – also bei Matthäus, Markus, Lukas – und bei Paulus finden, sowie *in anderen paulinischen Texten und Texten des Johannesevangeliums* zum Ausdruck. Hinter diesen Texten, die alle schon eine gläubige und zugleich situationsbezogene Deutung des Vermächtnisses Jesu darstellen, kann das letzte Mahl sichtbar werden, so wie es Jesus am Abend vor seinem Leiden und Sterben mit seinen Jüngern gefeiert hat. Über die zentrale Bedeutung der Eucharistie im Leben der Urkirche geben darüber hinaus *Texte der Apostelgeschichte* Aufschluss.

(1) Auch wenn die Apostelgeschichte wohl erst gegen Ende des ersten Jahrhunderts geschrieben worden ist, so sind in ihr doch *Überlieferungen vom Leben der Kirche in ihren Jerusalemer Anfängen* eingeschlossen. Von der zentralen Bedeutung der Eucharistie im Leben der Urkirche erfahren wir in der Apostelgeschichte beispielsweise in Kapitel 2, 42–47: „Sie hielten an der Lehre der Apostel fest und an der Gemeinschaft, *am Brechen des Brotes* und an den Gebeten …" Auch als man noch am Tempelgottesdienst teil-

nimmt, bricht man in den Häusern der Christen das Brot, man hält Eucharistie, verbunden mit einem Sättigungsmahl. Neben dem Festhalten an der Lehre der Apostel und – wohl zu beachten – der Gemeinschaft gehört also die Eucharistie zu den „essentials“, den wesentlichen Vollzügen, der Urkirche.

An einer anderen Stelle der Apostelgeschichte ist von der besonders hervorgehobenen Eucharistiefeier am ersten Wochentag, dem Herrentag, also dem Sonntag, die Rede. Von Paulus und seinen Begleitern, die sich in der griechischen Stadt Troas aufhalten, heißt es: „Als wir am ersten Wochentag versammelt waren, um das Brot zu brechen, redete Paulus zu ihnen, denn er wollte am folgenden Tag abreisen; und er dehnte seine Rede bis Mitternacht aus“ (Apg 20,7; vgl. auch 20,11 und 27,35). In diesem Text ist zugleich ein interessanter Hinweis enthalten, dass – jedenfalls in dieser besonderen Situation – mit dem Brechen des Brotes die Verkündigung des Evangeliums durch Paulus verbunden war (die Länge seiner Predigt sollte allerdings auch nicht annähernd das Ideal für andere Prediger darstellen).

Man darf auf alle Fälle festhalten: „Jedenfalls gilt – auch der heutigen theologischen Forschung – als unbestrittener Ausgangspunkt einer Betrachtung von Entstehung und Sinn des Abendmahls: *Die Kirche hat von Anfang an Eucharistie gefeiert! Die Abendmahlsfeier war immer Mitte ihres Lebens!*“[46]

(2) Wie die Kirche des Anfangs das Herrenmahl feierte und theologisch deutete, darüber geben vor allem die *Einsetzungsberichte* Auskunft, die sich in vierfacher Ausgestaltung im Neuen Testament finden. Dazu kommen wichtige Aussagen des Paulus (insbesondere 1 Kor 10,16ff) und Teile der großen „Brotrede“ Jesu Christi (Joh 6).[47] Drei der neutestamentlichen Einsetzungsberichte stammen aus dem Zusammenhang der Passionsberichte der synoptischen Evangelien. Sie stellen also Teile eines größeren „Erzählzusammenhangs“ dar (Mt 26, 26–29; Mk 14,22–25;

Lk 22,19–20). Der paulinische Einsetzungsbericht (1 Kor 11,24–26) dagegen begründet eine Mahnung des Apostels, die Missbräuchen in der Gemeinde bei der Feier des Herrenmahls entgegenwirken soll. Wer die vier Texte miteinander vergleicht, wird bemerken, *dass die Berichte des Markus und Matthäus einerseits und die Berichte des Paulus und Lukas andererseits eine größere Verwandtschaft miteinander aufweisen*, wobei Lukas allerdings auch gelegentlich den Markustext zugrunde legt.[48]

(3) Welche zentralen Aussagen sind nun diesen Texten gemeinsam? Insbesondere die folgenden:

- Christus nimmt und bricht das Brot, dankt (preist) und spricht: *„Dies ist mein Leib."* Nach semitischem Denken bedeutet *Leib* die leibhaftige Person. So sagt Jesus zu seinen Jüngern: Ich selber schenke mich euch, gebe mich hin in der Gestalt des Brotes.
- Christus nimmt den Becher und spricht: *„Dies ist mein ‚Blut des Bundes'"* (Mk, Mt) bzw. *„Dieser Becher ist der neue ‚Bund in meinem Blut'"* (1 Kor, Lk). Wiederum gibt sich Jesus selbst den Seinen hin und zwar als der, der sich opfert. Diese blutige Hingabe Jesu wird als die Bekräftigung des Bundes Gottes mit Israel im Sinne der alttestamentlichen Bundesbesiegelung von Ex 24,8 bzw. *sogar als die Begründung eines neuen Bundes im Lichte von Jer 31,31–34* gedeutet.

Daneben gibt es wichtige Aussagen, die nur in einem Überlieferungsstrang oder nur in einem der Texte begegnen:

- Da ist zunächst die Aussage, dass der Leib des Herrn *„für euch"* gegeben ist (1 Kor, Lk) und das Blut Jesu *„für viele"* bzw. *„für euch"* vergossen ist (Mk, Mt, Lk) zum Nachlass von Sünden (Mt). Hier kommt die alttestamentliche Vorstellung vom leidenden Gottesknecht ins Spiel, der für die vielen gelitten hat (vgl. Jes 53, 4–12). Man muss dabei wissen, *dass die Formulierung „für viele" nach biblischem Sprachgebrauch „alle" einschließen kann*: Jesus hat sich für alle in den Tod gegeben.

- Nur bei Markus und Matthäus findet sich in diesem Zusammenhang die verhüllte Todesansage Jesu: „*Ich sage euch aber, nicht trinken werde ich von jetzt an von diesem Gewächs des Weinstocks bis zu jenem Tage, da ich es trinke mit euch neu in der Königsherrschaft meines Vaters.*" Das ist ein Ausblick auf die mit Jesu Sühnetod nahe erwartete endzeitliche Vollendung (vgl. auch Lk 22,18).
- Auf andere Weise deutet auf die endzeitliche Vollendung der Wiederholungsbefehl, der sich nur bei Paulus findet: „*Dies tut, sooft ihr trinkt, zu meinem Gedächtnis. Denn sooft ihr dieses Brot esset und den Becher trinkt, vermeldet ihr den Tod des Herrn, bis er kommt.*"

Die Eucharistie im Glaubensverständnis der Urkirche verweist also klar auf die Selbsthingabe Jesu, speziell als des blutig Geopferten für die Vergebung der Sünden, und zugleich auf eine neue Gemeinschaft der Glaubenden mit Gott und untereinander, eine Gemeinschaft von Gleichen. Diese Wirklichkeit ist als neuer Bund schon jetzt fest gegründet, sie wird sich aber mit der Wiederkunft des Herrn noch vollenden. *In jeder Eucharistiefeier werden diese Heilswirklichkeiten erinnernd, hinweisend und vorausweisend gegenwärtig und wirksam.*

(4) Wichtige Deutungsakzente des Herrenmahls werden, wie erwähnt, noch in einem anderen Paulustext und nicht zuletzt im Johannesevangelium gesetzt:

- In 1 Kor 10,16–21 erklärt Paulus im Blick auf konkrete Gegebenheiten in der Gemeinde die Teilnahme an Götzenopfermählern mit der Teilnahme am „Tisch des Herrn" für unvereinbar. Die Begründung nimmt er vom Sinn des eucharistischen Mahles her, das neue Gemeinschaft stiftet: „Ist der Kelch des Segens, über den wir den Segen sprechen, nicht Teilhabe am Blut Christi? Ist das Brot, das wir brechen, nicht Teilhabe am Leib Christi? *Ein* Brot ist es. Darum sind wir viele *ein* Leib; denn wir alle haben teil an dem einen Brot (V.16f).
- Während im größeren Teil der so genannten Brotrede von

Joh 6 von Jesus selber als dem Himmelsbrot die Rede ist, das im Glauben genossen wird, spricht Joh 6,51–59 von der Eucharistie: *Sie schafft Gemeinschaft zwischen Christus und den Teilnehmern des eucharistischen Mahles.* So schenkt sie zugleich die *Gabe des ewigen Lebens Gottes*, das den Kommunizierenden durch die Selbstgabe Jesu Christi zuteil wird: „Wer mein Fleisch isst und mein Blut trinkt, der bleibt in mir, und ich bleibe in ihm. Wie mich der lebendige Vater gesandt hat und wie ich durch den Vater lebe, so wird jeder, der mich isst, durch mich leben" (V. 56f).

Durch die unterschiedlichen und doch in wesentlichen Punkten übereinstimmenden Deutungen des Herrenmahles, wie wir sie uns vor Augen geführt haben, kann jenes Mahl sichtbar werden, das Jesus unmittelbar vor seinem Leiden und Sterben mit seinen Jüngern gefeiert hat. Nach früherer Skepsis glaubt man bei vielen Exegeten heute wieder mit guten Argumenten, dass vor allem der markinische Einsetzungsbericht – eine aus der Jerusalemer Urgemeinde stammende Überlieferung – den Hergang des Abendmahls und Jesu „ureigenste" Worte und Absichten recht zuverlässig wiedergibt.[49] Jesus selber hat offenbar angesichts seines Todes und in der Hoffnung auf dessen Überwindung in seiner Auferweckung und gleichsam in deren Vorwegnahme sich selber in Brot und Wein den Seinen hingegeben, *um eine bleibende Gemeinschaft mit ihnen zu stiften, wobei er sein Geschick im Lichte der alttestamentlichen Theologie vom leidenden Gottesknecht und vom Bund Gottes mit den Menschen verstand.*

(5) Nach den synoptischen Berichten ist das letzte Mahl Jesu ein *Paschamahl.* In diesen Rahmen hat Jesus offenbar das Neue seiner Stiftung, seine bleibende Gemeinschaft begründende Selbsthingabe gleichsam eingezeichnet. Und zwar in folgender Weise:

Tischgemeinschaft mit Christus. – © Bayerische Staatsbibliothek: Lat. Psalter Clm 835.
Die Darstellung aus einem in England vor 1222 entstandenen lateinischen Psalter zeigt Jesus, wie er nicht nur mit seinen Aposteln, sondern auch mit vielen anderen zusammen Mahl hält: ein großartiges Sinnbild des Letzten Abendmahles wie auch der Eucharistie.

Der Verlauf des jüdischen Passahmahles und das Abendmahlshandeln Jesu

Ritus	Gebete bzw. „liturgische" Handlungen
1. Becher: Eingießen von Wein und Wasser Auftragen der Vorspeise	2 Segensgebete (Hausvater od. vornehmster Gast)
Jesu Brot-Handlung	
2. Becher: Auftragen des Hauptgerichts (Passahlamm, ungesäuertes Brot, grüne Bitterkräuter)	Dankgebet (Hausvater), Händewaschung, Verkosten und Austeilen der Speisen Frage eines Kindes (Gastes): „Warum ist diese Nacht verschieden von allen Nächten?" – Verlesung der Passah-Haggada (Auszug aus Ägypten) – Rezitation des großen Hallel I (Pss 113; 114, 1–8)
Leerung des 2. Bechers Essen der Hauptmahlzeit	Händewaschung, Lobgebet
Jesu Wein-Handlung	
3. Becher: Mischen des Bechers, der nun herumgereicht wird	Dankgebet (daher: Kelch des Segens)
4. Becher: Mischen und Trinken	Rezitation des großen Hallel II (Ps 115–118)

In neuerer Zeit hat man darauf hingewiesen, *dass die jüdischen Festmähler religiöser Art insgesamt den Charakter des Opfermahls und zwar des Dank- und Lobopfermahles hatten.*[50] Auch von daher hatte das letzte Mahl des Herrn Opfercharakter, der durch Jesu Absicht nun noch einmal eine besondere, einmalige Prägung erhielt. Darin wurzelt der Opfercharakter der Eucharistie.

Aber wollte Jesus sein letztes Mahl nicht als einmaliges Geschehnis? Da der Wiederholungsauftrag wohl erst im Rahmen der urkirchlichen Liturgie formuliert ist, könnte man so denken. Indessen muss sich den Aposteln der Eindruck geradezu aufgezwungen haben, *dass Jesus diese tiefste*

Form der Gemeinschaft auch als Auferstandener mit ihnen weiterführen wollte in Zeichen und Wirklichkeit, also sakramental. Diese Absicht könnte auch im Rückblick auf die vielen Mähler, die Jesus mit seinen Freunden und mit Entrechteten und Sündern gehalten hatte, ihre Bestätigung finden: Diese Mähler stellen einen wesentlichen, geradezu zeichenhaften Zug des Heilswirkens Jesu dar. Das Mahl ist für Jesus zugleich ein wirklichkeitshaltiges Bild der himmlischen Heilsvollendung (vgl. Mk 14, 25 par.). So ist der Wiederholungsauftrag zweifellos im Geiste Jesu formuliert.[51]

Der geschichtliche Weg des Eucharistieverständnisses

Schon in ihrer urkirchlichen Form ist die Eucharistie, wie wir gesehen haben, keine einfache Wiederholung des letzten Abendmahles Jesu. Sie wird nach Jesu Auferweckung zugleich zum Freudenmahl, noch genauer, zum Dankopfermahl, für das sich bald eine reiche Liturgie entwickelt,[52] *wobei es sich in neutestamentlicher Zeit noch an ein Sättigungsmahl anschließt.*

(1) Möglicherweise reichen aber auch die *Verselbstständigung der Eucharistie und ihre Verbindung mit einem Wortgottesdienst* in neutestamentliche Zeit zurück. Die erste ausführliche Darstellung finden wir bei *Justinus* (als Märtyrer gestorben um 165). In seiner Apologie beschreibt der frühchristliche Philosoph und Theologe auch die eucharistische Opferfeier der Neugetauften und den sonntäglichen Gottesdienst. Er bezeugt dabei die reale Gegenwart Jesu Christi in seinem Fleisch und Blut wie deren Heilsbedeutung. Bezeugt wird hier ferner die enge Verbindung von „Wortgottesdienst" und Eucharistiefeier.[53]

In der Väterzeit entfaltet sich nicht nur die eucharistische Liturgie weiter. Es entwickelt sich auch eine vor allem pastoral ausgerichtete Theologie der Eucharistie, die die verschiedenen Aspekte dieses Sakramentes bedenkt und doch auch deren Einheit im Blick hat.[54] Exemplarisch seien die mystagogischen Katechesen des Bischofs *Kyrill von Jerusalem* (um 313–387) genannt. Kyrill interpretiert mit Hilfe biblischer und aus der platonischen Tradition stammender Deutemuster die Eucharistie als ein Geschehen der Teilgabe und Teilnahme: Christus bietet unter den Gestalten von Brot und Wein sein Fleisch und Blut dar, *die Empfangenden werden eines Leibes und eines Blutes mit ihm, so erhalten sie zugleich Anteil an der göttlichen Natur*.

Einen wichtigen Aspekt der Eucharistielehre unterstrich vor allem *Augustinus* (354–430). Die Christen empfangen mit dem Leib des Herrn sozusagen auch sich selber als Glieder des Leibes Christi, um so mehr zu werden, was sie sein sollen, Leib Christi. *Augustinus sieht in der Eucharistie also nicht nur ein Realsymbol des Leibes und Blutes Christi, sondern auch seines mystischen Leibes, der Kirche.*[55]

(2) Die Entwicklung im Mittelalter bringt neben echten Entfaltungen auch Vereinseitigungen im Eucharistieverständnis und der eucharistischen Praxis. *Die Frage nach der realen Gegenwart Christi tritt in den Vordergrund*. Im neunten Jahrhundert wie im elften Jahrhundert hatten namhafte Theologen ein eher *nur* symbolisches Verständnis von der Gegenwart Christi in den gewandelten Gaben von Brot und Wein vertreten: Für den Glauben *bedeuteten* sie Leib und Blut Jesu Christi. Demgegenüber betonen andere Theologen und Bischofssynoden eine *wirkliche Wandlung* von Brot und Wein in Leib und Blut des Herrn: Schon *vorgängig* zum menschlichen Glauben wird Christus gegenwärtig, um sich dem Glaubenden zu schenken. „Damit wurde die Realpräsenz (die wirkliche Gegenwart Christi) Hauptthema der mittelalterlichen Abendmahlsdogmatik. Parallel damit wandte die Frömmigkeit immer mehr dem im Sakrament gegenwärtig geglaubten … Christus ihre Anbetung zu.“[56]

Zur Illustration dieser Entwicklung nur einige Beispiele: Als der Domherr *Berengar von Tours* († 1088) die wirkliche

Gegenwart des Leibes Christi in der Eucharistie leugnete, verlangte eine Synode im Lateran 1059 das Bekenntnis, Brot und Wein seien nach der Konsekration nicht ein bloßes sacramentum (hier: Zeichen), sondern wahrhaft Leib und Blut Jesu Christi.[57] Berengar unterschrieb, widerrief aber später. 1079 musste er vor einer römischen Synode erneut eine Bekenntnisformel akzeptieren, die nun in einer differenzierteren Begrifflichkeit die eucharistische *Realpräsenz* Christi herausstellte.[58]

In der Folge wird beispielsweise bei *Petrus Lombardus* (um 1095–1160) eine Entwicklung greifbar, die von der vieldimensionalen Eucharistielehre der Kirchenväter weg zu einer gewissen Vereinseitigung und „Verdinglichung" des Eucharistieverständnisses führte: Das bei Berengar von Tours übertriebene sakramentale Symboldenken tritt zurück hinter dem Interesse an der realen Gegenwart und „Greifbarkeit" Christi in der Eucharistie. Diese wird nun mehr und mehr in Aussageweisen (Kategorien) ausgelegt, die – gemäß der Begriffsbildung des *Aristoteles* (384–322 v. Chr.) – eher am Bereich der Dinge als am Bereich des Personalen abgelesen sind.[59] *Thomas von Aquin* führt auch in der Eucharistielehre diese Betrachtungsweise mit Konsequenz weiter, neben der Tendenz zu einer „Verdinglichung" des Eucharistieverständnisses werden bei ihm aber auch zukunftsträchtige Verstehenselemente der Tradition weitergegeben und entfaltet, *so vor allem die Sicht der Eucharistie als Gedächtnis und Vergegenwärtigung des Kreuzesopfers Christi.*[60]

Der Lehrentscheid des *Konzils von Florenz* für die Armenier, von dem schon mehrfach die Rede war, entfaltet im Anschluss an Thomas von Aquin auch die Eucharistielehre im Zusammenhang. Dabei begegnet in einem lehramtlichen Text erstmals die Formulierung, der Priester handle bei der Konsekration *„in der Person Christi"* [61].

(3) Vereinseitigungen, wie eine gewisse Aufspaltung der Eucharistie in ihre Einzelaspekte, setzten sich dann auch in

der *Reformationszeit* fort. Die Reformatoren des 16. Jahrhunderts hatten vor allem den symbolischen Charakter der Gegenwart Christi in der Eucharistie betont, wobei allerdings *Martin Luther* (1483–1546) entschieden am realen Charakter dieser Gegenwart Christi „mit und unter" den Gaben von Brot und Wein festhält.[62] Demgegenüber wurde die „Realpräsenz" Christi vom *Konzil von Trient* bekräftigt: „Wer leugnet, dass im Sakrament der heiligsten Eucharistie wahrhaft, wirklich und substanzhaft der Leib und das Blut zusammen mit der Seele und Gottheit unsres Herrn Jesus Christus und daher der ganze Christus enthalten ist, vielmehr sagt, er sei lediglich wie in einem Zeichen bzw. Abbild oder der Wirkkraft nach in ihm: der sei mit dem Anathema belegt."[63] Es handle sich dabei um eine „Wesensverwandlung" (*Transsubstantiation*).[64]

Auf der anderen Seite hatten die Reformatoren vor allem den Mahlcharakter der Eucharistie betont und mit Verweis auf die Einmaligkeit und Endgültigkeit des Opfertodes Christi deren Opfercharakter geleugnet. Manche Missbräuche dieser Zeit konnten in der Tat der Meinung Vorschub leisten, beim Messopfer handle es sich um eine eigenständige Wiederholung des Opfers Christi. *Demgegenüber betonte und präzisierte das Konzil von Trient in seiner 22. Sitzung den Opfercharakter der Messe*: „Unser Gott und Herr hat zwar einmal auf dem Altar des Kreuzes sich selbst im Tod Gott Vater als Opfer darbringen wollen, um ... die ewige Erlösung zu wirken. Weil aber durch den Tod sein Priestertum nicht ausgelöscht werden sollte, so wollte er beim letzten Mahl ... der Kirche ein sichtbares Opfer hinterlassen, wie es die Menschennatur erfordert, in dem jenes blutige Opfer, das einmal am Kreuze dargebracht werden sollte, dargestellt (*repraesentaretur* = vergegenwärtigt), sein Andenken bis zum Ende der Zeiten bewahrt und seine heilbringende Kraft zur Vergebung der Sünden, die wir täglich begehen, zugewandt werden sollte."[65]

So werden vom Trienter Konzil – noch dazu in verschiedenen Sitzungen – fast ausschließlich *zwei Aspekte* des Sakramentes der Eucharistie *ausführlich* dargestellt; andere, besonders ihr Mahlcharakter, sowie die innere Einheit der verschiedenen Wesenselemente kommen zu kurz.

Die Erneuerung der Eucharistielehre im 20. Jahrhundert

Gegenüber manchen Verengungen und Einseitigkeiten der Vergangenheit *brachte erst die Liturgische Bewegung in den zwanziger und dreißiger Jahren des zwanzigsten Jahrhunderts eine Neubesinnung.* Nun tritt die liturgische Gesamtgestalt der Eucharistie, ihr facettenreiches und doch einem großen dramatischen inneren Gesetz folgendes Ganzes wieder ins Bewusstsein. Man entdeckt auch auf katholischer Seite neu die Mahlgestalt der Eucharistie und kommt darin den evangelischen Mitchristen näher. Zugleich entdeckt man neu, wie nicht nur Christus selbst, sondern auch sein heilbringendes Werk, das *Pascha-Mysterium*, gerade in der Eucharistie gegenwärtig wird und die Gläubigen in seine Wirkung einbezieht. Man entdeckt schließlich neu, wie sich diese Wirkung des Heilswerkes Christi – vor allem die Gemeinschaft der Menschen mit Christus und untereinander –, genährt von einer kraftvollen Verkündigung des Evangeliums im Wortgottesdienst der Messe, von Bitte, Lob und Dank, im Alltag des Lebens erweist und erweisen soll.

Was so im gefeierten und gelebten Glauben neu bzw. wieder entdeckt wurde, das ging auch schon vor dem Zweiten Vatikanischen Konzil in Äußerungen des kirchlichen Lehramtes ein; die Theologie hat es reflektiert und weiterbedacht.

(1) Die wichtigste Wegmarke in der kirchlichen Eucharistielehre vor dem Konzil bildet die Enzyklika „Mediator Dei“ *Papst Pius‘ XII.* von 1947.[66] Sie fasst bedeutsame Ergebnisse der Liturgischen Bewegung zusammen und

nimmt zur Frage nach der „Mysteriengegenwart" Christi bzw. seines Heilswerkes in der Liturgie positiv Stellung: *Christus ist der eigentliche Liturge und Opferpriester in der Liturgie, deren Mitte wiederum die Eucharistie bildet.* Er wird allein durch den Amtspriester vollgültig vertreten, auch die Gläubigen nehmen jedoch an seinem Priestertum teil. Erstmals ist hier deutlich von der *vielfachen Gegenwart des erhöhten Herrn in der Liturgie* die Rede.

Die Kirchenkonstitution des Zweiten Vatikanischen Konzils fasst in dem schon zitierten Text über die Sakramente (LG 11) auch seine wichtigsten Akzentsetzungen in der Eucharistielehre zusammen: „In der Teilnahme am eucharistischen Opfer, *der Quelle und dem Höhepunkt des ganzen christlichen Lebens,* bringen sie das göttliche Opferlamm Gott dar und sich selbst mit ihm; *so übernehmen alle bei der liturgischen Handlung ihren je eigenen Teil,* sowohl in der Darbringung wie in der heiligen Kommunion, nicht unterschiedslos, sondern jeder auf seine Art. Durch den Leib Christi in der heiligen Eucharistiefeier gestärkt, stellen sie sodann die Einheit des Volkes Gottes, die durch dieses hocherhabene Sakrament sinnvoll bezeichnet und wunderbar bewirkt wird, auf anschauliche Weise dar."[67]

Im Übrigen kommt das Konzil in mehrfachem Zusammenhang auf die Eucharistie zu sprechen und unterstreicht auch so noch einmal ihre Bedeutung „als Quelle und Höhepunkt des ganzen christlichen Lebens".[68] Besonders wichtig ist auch hier die Unterstreichung einer mehrfachen Gegenwart Christi in der Eucharistie: Er ist gegenwärtig *in der Person des zelebrierenden Priesters, „unter den eucharistischen Gestalten", aber auch in seinem Wort und in der Gemeinschaft der Gläubigen.*

(2) In der Theologie wurden diese Entwicklungen vorbereitet und begleitet. Der Freiburger Theologe und Pfarrer *Eugen Walter* (1906–1998) beispielsweise hat schon zu Beginn der fünfziger Jahre Ergebnisse eines neuen theologischen Gesprächs über die Eucharistie, das u.a. aus der Litur-

gischen Bewegung erwuchs, aufgenommen, weitergeführt und mit großer Resonanz in die Öffentlichkeit getragen: *Die Eucharistie ist nicht nur „heilige Seelenspeise" für den frommen Einzelnen, sie baut vielmehr zugleich den Einzelnen und die Gemeinschaft der Kirche auf und bezieht dabei die ganze Welt des Menschen mit ein.*[69]

Ähnlich wendet sich *Karl Rahner* gegen individualistische Verengungen des Eucharistieverständnisses: Eucharistie und Kirche gehören zuinnerst zusammen.[70]

Schließlich seien erwähnt die Beiträge von *Johannes Betz* (1914–1984). Er sieht im Opfergedanken das Zentrum des Eucharistieverständnisses.[71] Dabei trifft er eine wichtige begriffliche Unterscheidung: Neben dem Begriff der *Realpräsenz* Christi in den gewandelten Gaben von Brot und Wein entwickelt er den Begriff der *Aktualpräsenz Christi*: Christus ist *im Geschehen* des eucharistischen Opfers gegenwärtig, so wie er gegenwärtig ist, wenn sein Wort verkündigt wird und wenn eine Gemeinschaft in seinem Namen beisammen ist. Hinzuzufügen ist die Gegenwart Christi im einzelnen Glaubenden. Die Realpräsenz Christi, so verehrungswürdig sie ist, bedeutet letztlich keinen Selbstzweck. Sie steht *im Dienste der Aktualpräsenz des Herrn im eucharistischen Opfer, aber letztlich seiner Aktualpräsenz im einzelnen Gläubigen und in der Gemeinschaft der Gläubigen.*

Aufgabenfelder einer Eucharistielehre im Geist des Zweiten Vatikanischen Konzils

Wo liegen heute die Brennpunkte der theologischen Diskussion um das rechte Eucharistieverständnis? Nach dem Zweiten Vatikanischen Konzil wurden vor allem folgende Fragen bedacht:

(1) Lange Zeit stand die Frage nach der *wirklichen Gegenwart Jesu Christi* in der Eucharistie im Vordergrund des Interesses. Sie ist nicht unwichtig geworden. Die Heilsbe-

deutung dieses Sakramentes hängt auch davon ab, ob es sich hier nur um rein menschliche Glaubens- und Erinnerungsleistungen handelt oder ob *vor* allem menschlichen Tun Christus selbst in der Eucharistie gegenwärtig handelt. *Aber die Frage nach der Realpräsenz ist doch, wie erwähnt, in größere Zusammenhänge hineinzustellen* und auch vom Zweiten Vatikanischen Konzil hineingestellt worden: Christus wird in der Messe auf mehrfache Weise gegenwärtig, und er wirkt auf mehrfache Weise, die stets im Dienste seines „Wohnens" im Menschen und der Gemeinschaft der Menschen stehen.

Was nun die Realpräsenz angeht, so hat man nach dem Konzil versucht, dieses Geheimnis heutigem Denken neu aufzuschließen. Das Konzil von Trient hatte für diese Glaubenswirklichkeit den Begriff der *Transsubstantiation* (Wesensverwandlung) gewählt. Dem lag ein philosophisches Denken zugrunde, wonach jedes Ding dieser Welt ein inneres unsichtbares Wesen in sich trägt, eine Idee oder eben Substanz, durch die es ist, was es ist. Gestalt und Aussehen, Form, Geruch, Farbe und derlei Eigenschaften kommen als äußerer Ausdruck dieses Wesens nur zur *Substanz* hinzu als so genannte *Akzidenzien* (Einzahl: Akzidenz von *accedere* = hinzutreten). Bei der eucharistischen Konsekration durch den Priester wandle sich nun dieses innere Wesen total zum Wesen des Leibes Christi (nicht zu dessen Akzidenzien), und nur die äußeren Erscheinungsformen der Gestalten blieben erhalten.

Heute hat sich das Denken gewandelt: Abgesehen davon, dass der Begriff Substanz im heutigen naturwissenschaftlich geprägten Sprachgebrauch etwas ganz anderes bedeutet, nämlich das, was man sehen, wiegen und messen kann, *ist im heutigen philosophischen Denken die Vorstellung einer inneren Wesensidee in allen Dingen zumindest fragwürdig geworden*. Man sieht zugleich deutlicher, dass für das, was die Dinge sind und bedeuten, mitentscheidend ist, *welche Sinngebung ihnen die Menschen verleihen*. So kann ein Laib Brot nur als eine Materiezusammenballung, er kann als Möglichkeit, den Hunger zu stillen, er kann aber auch als alle Sinne ansprechender *Inbegriff menschlichen Mahlhaltens*, menschlicher Nahrung angesehen werden.

Man versuchte, beispielsweise im „Holländischen Erwachsenenkatechismus" von 1968[72], diesen Wandlungen des Denkens und der Begrifflichkeit dadurch Rechnung zu tragen, dass man nun den Begriff Transsubstantiation durch *Transsignifikation,* d. h. Bedeutungswandel, und *Transfinalisation*, d. h. Bestimmungswandel, zu verdeutlichen versuchte: „Das Brot kann eine neue Bedeutung und eine neue Bestimmung empfangen, durch die es in seinem tiefsten Wesen verändert ist."[73] Diese Versuche einer Neuinterpretation können sicher hilfreich sein. *Papst Paul VI.* (1963–1978) hat in seiner Enzyklika „Mysterium fidei" von 1965 die beiden neuen Begriffe eigens akzeptiert, dabei aber betont, das mit ihnen Gemeinte sei eine Folge der eucharistischen Wesensverwandlung, sie könnten den Begriff Transsubstantiation nicht ersetzen.[74]

Dieser Begriff wäre also zumindest die *Chiffre für eine bleibende Wahrheit: Nicht menschliche Meinung, menschliches Dafürhalten macht aus Brot und Wein Nahrung für das wahre Leben und Zusammenleben der Menschen, vielmehr wirkt dies Gottes schöpferisches Wort* – die Einsetzungsworte, vom Priester im Namen Jesu Christi vollmächtig ausgesprochen. So wird ein Neues aus Brot und Wein: Christi Fleisch und Blut. Menschlicher Glaube *macht nicht* die Gegenwart Jesu Christi, er *empfängt* Jesus Christus, der sich selber *gibt*. Begriffe können immer auf solche Glaubensgeheimnisse nur hinweisen, sie können sie nie voll in sich fassen. Das ist bei Begriffskämpfen der Vergangenheit – und nicht nur der Vergangenheit – oft vergessen worden, obwohl eine große Tradition der Kirche es immer wusste.

(2) Seit der Reformation fürchten evangelische Christen, die Betrachtung der Messe als Opfer stelle einen Gegensatz dar zu der Tatsache, dass Jesus nach dem Zeugnis der Schrift

durch seinen Opfertod am Kreuz und seine Auferstehung ein für allemal Erlösung erwirkt habe (vgl. Hebr 9,11f). Kann man dieses Opfer wiederholen, und braucht die Kirche gleichsam noch ein eigenes Opfer „für Lebende und Verstorbene"? Gegenüber Missverständlichkeiten, die die katholische Lehre und Praxis zeitweilig aufwies, hatte schon das Konzil von Trient deutlich gemacht, dass es sich bei der Messe nicht um eine Wiederholung des Kreuzesopfers Jesu handle, *sondern um dessen Vergegenwärtigung*. Diese Vergegenwärtigung geschieht wesentlich durch die wirksame Erinnerung, das Gedenken (lat. *memoria;* griech. *anamnesis,* daraus *Anamnese*) an das Kreuzesopfer Jesu.

Opfer der Kirche und der Gläubigen ist die Messe in dem Sinne, dass die Kirche mit ihrer Feier gleichsam das Gefäß bereitstellt, in dem das einmalige, vor Gott immer gegenwärtige Kreuzesopfer Jesu – zusammen mit seiner Auferstehung – auch für uns gegenwärtig werden und sich je neu auswirken kann – Leben bedeutet ja, zumindest auch, immer neues Geschehen. *Und sie ist es zugleich in dem Sinn, dass die Gläubigen sich und ihre Welt in der lebendigen Begegnung mit dem Gott des Heils in dieses Opfer mit einbringen können, um in Christus die lebendig machende Antwort des himmlischen Vaters zu erfahren.*

(3) Seit der Liturgischen Bewegung und aus ökumenischer Rücksicht hat man bei der Eucharistie in den letzten Jahrzehnten den Mahlcharakter besonders herausgestellt. Sie ist in erster Linie *sakramentales Mahl*, dessen Gastgeber Jesus Christus selber ist und das die Tischgenossen mit dem Herrn und untereinander verbindet und so Heil schafft.[75] Diese Betonung des Mahlcharakters der Eucharistie ist richtig und wichtig. *In der Tat sind die sakramentalen Zeichen der Eucharistie Zeichen des Mahles*. Schon in ihrer natürlichen Symbolkraft weisen sie nicht nur auf Sättigung und Stillung des Durstes, sondern auch *auf festliche Gemeinschaft, auf Lebensfreude und Lebensfülle hin*.

Man darf darüber jedoch nicht vergessen, dass die Eucharistie schon seit Jesu letztem Abendmahl ein Mahl besonderer Art ist, eben *ein Mahl des Dankes, des Segens, des Opfers, des vergegenwärtigenden Gedächtnisses an Kreuz und Auferstehung*. Das spricht sich seit früher Zeit in Gebeten, in Lob- und Danktexten aus: beim Wortgottesdienst und bei der Gabenbereitung, bei der Präfation, beim eucharistischen Hochgebet mit der Wandlung der Gaben und bei der Kommunionfeier. Mehrdimensionalität macht den lebendigen Reichtum dieses Zentralsakramentes der Kirche aus, und es wäre eine Verarmung, die Eucharistie auf eine möglichst schlichte Mahlfeier zurückführen zu wollen.

(4) Aber was macht nun die *innere Einheit* dieser verschiedenen Dimensionen aus? Es ist der *besondere* Mahlcharakter der Eucharistie. Sie ist eben ein Mahl eigenster Art, „die Mahlsymbolik ist …unter- und eingeordnet in ein Umfassenderes“[76]. Und dieses Umfassendere, das den verschiedenen Aspekten der Eucharistie ihre Einheit gibt, *ist die Grundgestalt des Segensmahles, des Dankopfermahles, in dem der Herr selber segnet, dankt, opfert und sich zur Speise und zum Trank des Lebens in Fülle für alle gibt*. Das kommt nach neuerer liturgiewissenschaftlicher Erkenntnis nicht zuletzt in der Präfation der Messe zum Ausdruck: „In ihr findet die eucharistische Grundstruktur der gesamten Messfeier ihre höchste Verdichtung. Lobpreis Gottes (berakah, eulogia) und Danksagung (eucharistia) für sein Heil, das sich in der sakramentalen Begegnung für den einzelnen konkretisiert (Kommunion), werden darin zum Ausdruck gebracht.“[77]

(5) Nach ältester katholischer und ostkirchlicher Tradition *kann nur der geweihte Priester der Eucharistie vorstehen und die sakramentale Kernhandlung (Wandlung, Konsekration) gültig vollziehen*. Mit der Ausspendung dagegen kann jeder betraut werden; auch das hebt die Eucharistie aus dem Kreis der anderen Sakramente heraus, dass hier allein der Vollzug des Sakramentes und seine Ausspendung zeitlich auseinander treten.

Gegenüber Überlegungen, ob es nicht so etwas wie eine

„Noteucharistie“ bei fehlendem priesterlichen Vorsteher geben könne, hat die römische Kongregation für die Glaubenslehre 1983 herausgestellt: „Allein den Bischöfen und den Priestern, denen die Bischöfe selbst Anteil an ihrem Amt gegeben haben, ist … die Vollmacht vorbehalten, im eucharistischen Geheimnis neu zu vollziehen, was Christus beim Letzten Abendmahl getan hat.“[78] Der innere Sinn dieser Festlegung liegt in Folgendem: Menschen verfügen nicht aus eigener Kraft über das innerste Geheimnis der Erlösung. Sie müssen dafür eigens bevollmächtigt, in besonderer Weise zu Repräsentanten Jesu Christi gemacht werden, wie dies in der Priesterweihe geschieht.

Folgerichtig wird man freilich fragen müssen, ob nicht der Mangel an Priestern durch eine Ausweitung des für die Weihe in Frage kommenden Personenkreises behoben oder doch gelindert werden müsste: insbesondere durch Lockerung der Zölibatsverpflichtung, möglicherweise in fernerer Zukunft auch durch die Weihe von Frauen. Davon muss beim Weihesakrament noch eigens die Rede sein. Andererseits folgert das Zweite Vatikanische Konzil aus dem Fehlen des Weihepriestertums bei den Kirchen der Reformation nicht, *dass man der evangelischen Abendmahlsfeier keine Heilskraft und -wirksamkeit zubilligen dürfe.* Das kann man aus einem Schlüsseltext des Ökumenismusdekrets (Nr.22) folgern:

> „Obgleich bei den von uns getrennten kirchlichen Gemeinschaften die aus der Taufe hervorgehende volle Einheit mit uns fehlt und obgleich sie nach unserem Glauben vor allem wegen des Fehlens des Weihesakramentes die ursprüngliche und vollständige Wirklichkeit (substantia) des eucharistischen Mysteriums nicht bewahrt haben, bekennen sie doch bei der Gedächtnisfeier des Todes und der Auferstehung des Herrn im Heiligen Abendmahl, dass hier die lebendige Gemeinschaft mit Christus bezeichnet werde, und sie erwarten seine glorreiche Wiederkunft. Deshalb sind die Lehre vom Abendmahl des Herrn, von den übrigen Sakramenten, von der Liturgie und von den Dienstämtern der Kirche notwendig Gegenstand des Dialogs.“

(6) Man kann die *Lebensbedeutung der Eucharistie* mehr unter individuellem, existentiellem Gesichtspunkt, und man kann sie mehr in ihrem Bezug auf die Kirche, auf die Gemeinschaft der Christen, ja aller Menschen, und die ganze Welt sehen. – Wenn sich christliches Leben als Leben mit und in Christus bestimmen lässt, so zeigt und realisiert sich dies gerade in der Eucharistie: Ihr innerer „Rhythmus" ist Christi liebende Hingabe an den Vater und die Menschen, der die liebende Antwort des Vaters in der Auferweckung des Sohnes entspricht. *Dieses Geschehen wird in der Messe so für uns gegenwärtig, dass wir immer neu daran und so am Leben des Dreifaltigen Gottes Anteil erhalten dürfen.* Das bedeutet zugleich mitmenschliche Gemeinschaft.

Aber warum muss das, was einmal und grundlegend in der Taufe geschehen ist, immer wieder neu geschehen? Geht es bloß um ein Wachstum in der Gnade, geht es um neue Kraft für die Führung eines christlichen Lebens? Das sicherlich auch! Aber vor allem ist zu bedenken, dass sich personales Leben, personale Begegnung *in einem Dialog (des Glaubens, der Hoffnung und der Liebe) erneuern und vollziehen will.* Sonst stirbt es ab, oder wird schal und leer. Was wäre das für eine zwischenmenschliche Liebe, bei der der eine zum anderen sagte: „Ich habe dir einmal von meiner Liebe gesprochen und sie dir gezeigt – und damit basta!" Immer neue Begegnung ist das Grundgesetz jeder Gemeinschaft. Und so darf der Mensch in der Eucharistie immer neu sein ganzes Leben, seine Freuden und Ängste, seine Beziehungen, seine ganze Welt mit Christus dem Vater im Himmel übergeben, um sie sozusagen gewandelt aus Gottes Hand neu zu empfangen und dafür mit Christus Dank zu sagen. – Nach alter Tradition ist damit auch die Vergebung der Sünden und Unterlassungen verbunden, deren sich der Mensch in seinem Alltag schuldig macht.

Wer mit Jesus Christus verbunden ist und je neu wird, wird dadurch auch mit den Seinen verbunden. Er wird in die Heilssorge Jesu für alle Menschen, ja die ganze Schöpfung einbezogen. Schon früh verstand man die eucharistischen Gestalten von Brot und Wein als symbolischen und zugleich wirksamen Hinweis auf die Einheit der Kirche, des „einen Leibes“ (vgl. 1 Kor 10,17). Einheit und Ermöglichung von Gemeinschaft werden dann aber auch zur Aufgabe für die Christen: Die ihnen in der Eucharistie geschenkte neue Gemeinschaftsfähigkeit will und soll sich im Leben durchhalten.

Die eucharistischen Gestalten von Brot und Wein, die die Liturgie „Frucht der Erde und der menschlichen Arbeit“ nennt, können und sollten schließlich auch auf die *Verbundenheit der Christen mit allen Menschen und mit der außermenschlichen Schöpfung* Gottes hinweisen. Wer mit Christus, durch den alles erschaffen ist (vgl. Kol 1,16), in eucharistische Kommunion tritt, der kommt auch in eine grundlegende Kommunion mit den Menschen und dem Kosmos, wird neu in Verantwortung für seine Mitmenschen und den Kosmos genommen. Zugleich kommen ihm neue Möglichkeiten zu, dieser Verantwortung gerecht zu werden: als Einzelner und als Glied der Gemeinde der Christen.

(7) Die Eucharistie als *Sakrament der Einheit* ist auch heute noch in mancher Hinsicht ein *ökumenischer Zankapfel.* Neben weitgehenden Annäherungen bleiben unterschiedliche Auffassungen in wichtigen Punkten. Dies zeigt sich nicht zuletzt an der Frage nach der Möglichkeit der *Interkommunion.*

Erinnern wir uns noch einmal an die entscheidenden Dissenspunkte im Verhältnis zu den Kirchen der Reformation (die Unterschiede zum Eucharistieverständnis der Ostkirchen sind demgegenüber weniger essentiell):

- In den Kirchen der Reformation lehnte man generell den Opfercharakter der Messe ab.
- Man hatte ein unterschiedliches Verständnis von der Gegenwart Christi in den Gaben von Brot und Wein; während Reformatoren wie Calvin und Zwingli einer solchen Präsenz überhaupt ablehnend gegenüber standen, wollte

Luther sie auf keinen Fall als Transsubstantiation verstanden wissen, sondern als *Consubstantiation*: Christus ist mit und unter den Gaben von Brot und Wein wirklich gegenwärtig.

- Einig war man sich bei den Reformatoren in der Ablehnung der Auffassung, nur der geweihte Priester könne die Eucharistie bzw. das Abendmahl feiern.[79]

In allen diesen Fragen sind – wenigstens mit manchen Kirchen der Reformation – im ökumenischen Gespräch weit reichende Annäherungen erzielt worden.[80] Die katholische Kirche hat den Mahlcharakter der Eucharistie wiederentdeckt; ein geläutertes Verständnis des Opfercharakters der Eucharistie lässt die Unterschiede nicht unüberbrückbar erscheinen, *zumal sich auch die Kirchen der Reformation eine wirksame Vergegenwärtigung des Opfers Christi im „Gedenken" durchaus vorstellen können*: „Der biblische Gedanke des Gedächtnisses, angewandt auf die Eucharistie, bezieht sich auf diese gegenwärtige Wirksamkeit des Werkes Gottes, wenn es von seinem Volk in einer Liturgie gefeiert wird."[81] In der Frage der Realpräsenz wird katholischerseits die an den Sachen abgelesene (sachontologische) Begrifflichkeit durch eine aus dem personalen Bereich genommene Terminologie zumindest ergänzt.

Die größte Schwierigkeit macht bislang die katholische Festlegung, dass nur der geweihte Priester gültig Eucharistie feiern könne. Immerhin wird in dem zitierten Text des Ökumenismusdekrets der evangelischen Abendmahlsfeier die Heilsbedeutung nicht abgesprochen, was doch zumindest auf eine gewisse durch die Gemeinde, das Volk Gottes, vermittelte Vollmacht des ordinierten evangelischen Geistlichen hindeuten könnte.

(8) Ist auf dieser Basis jetzt schon oder doch bald Eucharistiegemeinschaft möglich? Der dafür oft verwendete Begriff *„Interkommunion"* ist seit den Anfängen der ökumenischen Bewegung 1867 in die Diskussion gebracht worden und seither zu einem Kristallisationspunkt in der Frage nach

der Einheit der Kirchen geworden, wobei in der theologischen Diskussion mehr und mehr auch differenzierende Begriffe gebraucht werden. So spricht man z. B. von der vollen Kirchengemeinschaft und meint damit auch die *unbegrenzte Abendmahlsgemeinschaft*. Oder man spricht von *Interzelebration*, was die gegenseitige Zulassung von Amtsträgern einer anderen Konfession zur Leitung des eucharistischen Gottesdienstes bedeutet. Davon zu unterscheiden wäre die *gemeinsame Zelebration*, wenn nämlich Amtsträger verschiedener Konfessionen gemeinsam (in Konzelebration) Gottesdienst feierten. Letzteres ist von katholischer Seite her lediglich beim Wortgottesdienst möglich, während die drei beschriebenen Formen für die Eucharistie selbst noch ausgeschlossen sind.

Davon zu unterscheiden ist wiederum eine *einseitige oder wechselseitige Zulassung zum Abendmahl*. Von katholischer Seite her gibt es diese offene Kommunion nur in begrenzter Form: Unter bestimmten Bedingungen können aus pastoralen Gründen

- Nichtkatholiken in der römisch-katholischen Kirche zur Eucharistie zugelassen werden, wenn sie einen entsprechenden Glauben bekunden,
- Katholiken die Eucharistie in den Kirchen empfangen, in denen sie nach römisch-katholischer Auffassung gültig gespendet wird (d. h. in den Ostkirchen).[82] Die Vereinigte Evangelisch-Lutherische Kirche Deutschlands (VELKD) hat demgegenüber 1975 römisch-katholischen Christen die Teilnahme am Abendmahl zugestanden und auch umgekehrt eine Öffnung vollzogen.

Lehramtlich angeregt, ist die theologische Diskussion und Wegesuche in vollem Gange. Es ist dabei zu sehen, dass die Argumente, vor allem in den amtlichen kirchlichen Äußerungen, nicht immer dogmatischen Charakter haben, sondern oft pastoraler bzw. disziplinärer Art sind. Bis zu einer möglichen Interkommunion im vollen Sinne, also einer Vereinbarung von Kirchen, alle Glieder der einen auch in der anderen zum Eucharistieempfang zuzulassen, muss vor allem die Frage nach der priesterlichen Vollmacht bei dem „Diener der Eucharistie" weiter geklärt werden: *Könnte eine solche Vollmacht dort, wo es keine apostolische Amtsnachfolge gibt, durch den im Gottesvolk der Getauften, also auch bei den evangelischen Christen, gegenwärtigen Christus und seinen Heiligen Geist gegeben sein, so dass die „Nachfolger der Apostel" dies nur anerkennen müssten?* Aber dies muss weiter im Gespräch zwischen Amtsträgern, Theologen und dem ganzen Volk Gottes, dem ja *auch* die Teilhabe am prophetischen Amt Jesu Christi zugesprochen ist, geklärt werden.

Zu fragen ist auch, ob die Eucharistie nur Zeichen *vorhandener* Einheit und nicht auch Werkzeug *herzustellender* Einheit sein müsse, so wie die Kirche selbst „Zeichen und Werkzeug" der Einheit mit Gott und den Menschen ist. Da beides gilt und immer wieder neu ins Gleichgewicht zu bringen ist, wird die eucharistische Gemeinschaft (Gastfreundschaft) der sich entwickelnden theologischen und lebensmäßigen Einheit wohl auch einmal ein Stück vorausgehen dürfen. Dies bedürfte dann aber kirchendisziplinärer Bestätigung bzw. der Eröffnung größerer Freiräume. Auch das *hier* geltende Recht ist *keineswegs in allem unabänderliches göttliches Recht.*

4. Das Bußsakrament

Schwierigkeiten und Chancen

Manche werden sich noch daran erinnern: Da gab es vor dem Beichtstuhl, vor allem in der Fastenzeit, aber auch oft an gewöhnlichen Samstagen, Warteschlangen. Dabei hörte in größeren Kirchen nicht nur ein einziger Beichtvater Beichte, es waren mehrere. Und schon gar in ordenseigenen Kirchen: Was wurde da gebeichtet! Zeugen für diesen Andrang zum Bußsakrament sind nicht zuletzt in älteren Kirchen die vielen oft prächtig gestalteten Beichtstühle. Das ist in wenigen Jahrzehnten anders geworden: Zu den angesetzten Beichtzeiten – auch diese gibt es seltener – hat der bereitsitzende „Beichtiger" oft recht wenig zu tun, wobei es in manchen ländlichen Gebieten und auch in Städten bei bekannten Beichtvätern und „Seelenführern" durchaus Ausnahmen gibt. Woher kommt der alarmierende Rückgang der Beichthäufigkeit, das In-Vergessenheit-Geraten des Bußsakramentes bei vielen Christen? Und gibt es nicht doch auch Anzeichen einer neuen Höherschätzung dieses Sakramentes?

Wie schon der Name sagt, setzt das Bußsakrament die Haltung und Gesinnung der Buße als Bereitschaft zur Abkehr von der Sünde, zur Umkehr, voraus. Dies wiederum geht nicht ohne Sündenbewusstsein. Es gibt unwiderlegliche Anzeichen dafür, *dass der dramatische Rückgang der Beichthäufigkeit mit einem Schwinden bzw. einer Veränderung des Sündenbewusstseins zusammenhängt.* Dieses Schwinden bzw. diese Veränderung mag folgende Gründe haben:

(1) Die Religionskritik der Neuzeit hat in der kirchlichen Moral- und Sündenpredigt vielfach nur den Versuch gesehen, den Menschen durch Einflößung von Sündenangst zu unterdrücken und in Abhängigkeit zu halten.[83] Eine solche Auffassung ist sicher in das Bewusstsein oder Unterbewusstsein vieler heutiger Menschen eingegangen und hat

ihnen Zweifel an der Notwendigkeit bzw. Berechtigung von Schuldgefühl und Sündenangst eingepflanzt. Sollte nicht die von *Sigmund Freud* (1856–1939) begründete Psychoanalyse Recht haben, die die Erfahrungen von Schuld und Sünde für eine den Menschen zerstörende Krankheit hält, die es wegzutherapieren gilt?

(2) Trotz dieser Zweifel bleibt offenbar in vielen Menschen dennoch das Bewusstsein, versagen zu können und dafür verantwortlich zu sein. Es gehört offenbar zum konkreten Menschsein. Allerdings scheint sich die Weise, *wie* Schuld erfahren wird, tief greifend geändert zu haben. Wenn sich früher Schuld- und Sündenbewusstsein vorwiegend auf einzelne, klar zu gewichtende Sündentatbestände bezogen, *so lässt sich heutige Sündenerfahrung vielfach nicht einfach an bestimmten genau qualifizierbaren und quantifizierbaren Tatbeständen festmachen*.

Auch ist es dem heutigen Menschen schwer einsichtig zu machen, dass er mit seinem Versagen gegenüber anderen oder sich selbst *auch vor Gott schuldig, also zum Sünder*, wird. Zugleich erfährt er sein Versagen als *kaum entwirrbares Geflecht von Getriebensein, Verstrickung in die Schuld anderer und selbst zu verantwortender Verfehlung*.

In diesen Zusammenhang gehört auch das, was man heute in der Theologie, ja sogar in päpstlichen Dokumenten „strukturelle Sünde“ nennt. Sie wird nicht einfach durch einen Einzelnen ausgelöst, viele Einzelne wirken aber ursächlich und in der Verbreitung sehr aktiv daran mit. Man denke nur an ökologische Untaten und die Ausbeutung der Dritten Welt, in die wir möglicherweise alle hineingezogen sind, an denen wir in gewissem Sinne mitwirken. Aber: Was soll man da in der Beichte bereuen und bekennen?

(3) So kann das Beichten zu einer Belastung statt zu einer Befreiung werden, zumal sich angesichts des Bußsakraments auch noch andere Fragen stellen:

- Kann man, wie man es noch gelernt hat, tatsächlich alle schweren Sünden nach Art, Zahl und artverändernden

Umständen bekennen und auf diese Weise die Erfahrung des eigenen konkreten Sündiggewordenseins fassen und vor Gott tragen, was ist überhaupt eine schwere Sünde?

- Was hat die Kirche, was hat ihr priesterlicher Repräsentant mit der je persönlichen Sünde zu tun, ist das nicht eine Sache zwischen dem Einzelnen und Gott bzw. denen, an denen man schuldig geworden ist?
- Wie lässt sich der Gedanke eines „Bußgerichts" mit der vergebungsbereiten Barmherzigkeit Gottes vereinbaren, wie sie sich in Jesu bedingungsloser Hinwendung zu den Sündern gezeigt hat?

Finden solche Fragen keine rechte Antwort, so können sie auch dem bußbereiten Menschen den Zugang zum Bußsakrament verstellen.

Solchen Schwierigkeiten können auch heute positive Erfahrungen mit einem neu als Chance begriffenen Bußsakrament gegenüberstehen. So kann wie schon immer auch heute die Erfahrung befreiend wirken, dass man im Bußsakrament nicht sich selbst und seiner möglicherweise bequemen Nachsicht mit sich selbst – oder auch der quälerischen Selbstanklage – begegnet, sondern *Jesus, dem der Sakramentenspender seine Stimme leiht.*

Wenn man einmal erkannt hat, dass Sünde nicht nur den Sünder selber trifft und zerstört, sondern auch die Gemeinschaft, die Kirche, deren Glied man ist, dann wird man das in der Vollmacht Jesu gesprochene Vergebungswort des Vertreters der Kirche als wahrhaft befreiend empfinden.

Wenn man schließlich weiß, dass Buße als Abkehr von der Sünde und Ichverkrampftheit und neue Hinkehr zu Gott und den Menschen eine wesentliche Dimension christlichen Lebens ist, *Forderung und Chance der frohen Botschaft Jesu vom wahren, geglückten Leben,* dann wird man das Bußsakrament als eine Hilfe zur Realisierung dieses Bußcharakters christlichen Lebens sehen: *ein* Angebot neben anderen Angeboten, und nur bei schwerer Sünde „die einzige ordentliche Weise, in der Kirche Versöhnung mit Gott zu finden".[84]

Verbunden sein werden solche positiv-hoffnungsvollen Erfahrungen wohl immer mit einer Verwaltung des Bußsakraments, die den besonderen (*analogen*) Charakter des Gerichtsgedankens beim Bußsakrament realisiert: Im Bußsakrament richtet Gottes Barmherzigkeit durch das „brüderliche Gericht“,[85] das geschwisterliche Gericht der Kirche den umkehrwilligen Sünder wieder auf das volle Leben aus, *das durch die Sünde verkümmert und eingeengt war.*

Das Bußsakrament im Zeugnis des Neuen Testaments

(1) Zunächst ist vorauszuschicken: Das Alte Testament kennt die mit dem Begriff Buße angesprochene tätige Abwendung von der Sünde und Hinwendung zu Gott, die Umkehr, zunächst einmal *als äußere kultisch-rituelle Bußpraxis* (vgl. z. B. Joël 1,13f). Sünde und Buße werden gerade hier als Wirklichkeit, die die Gemeinschaft bzw. das ganze Volk betreffen, deutlich. Gegenüber der Gefahr der Veräußerlichung kultisch-ritueller Buße, in der man eine Vorläuferin des Bußsakramentes sehen könnte, betont die Predigt der Propheten die *Notwendigkeit innerer Umkehr* (vgl. Joël 2,13), die sich in Taten der Nächstenliebe äußern soll (vgl. Jes 58,5–7). *Bei aller menschlichen Mitwirkung ist Buße nicht Eigenleistung des Menschen, sondern Gottes gnadenhaftes Geschenk* (vgl. Jes 44,22).

(2) Jesus selbst, zu dessen Botschaft wesentlich der Ruf zur Buße, zur Umkehr gehörte (vgl. Mk 1,15par.), aber ebenso wesentlich auch die Kunde von der unbegrenzten Vergebungsbereitschaft Gottes, des himmlischen Vaters, hat nach neutestamentlicher Darstellung in der ihm eigenen göttlichen Vollmacht Sünden vergeben (vgl. Mk 2,5; Mt 9,2). In der Darstellung der Evangelien und des Paulus *ist nach dem Bewusstsein der nachösterlichen Kirche diese Vollmacht Jesu zur Sündenvergebung auf die christlichen Gemeinden*

Rembrandt, Rückkehr des verlorenen Sohnes, um 1668/69. – © Bildarchiv Preussischer Kulturbesitz, Berlin.
Im Gleichnis vom verlorenen Sohn (Lk 15,11-32) – hier in der Darstellung Rembrandts –, der nach schweren Irrwegen in Reue zu seinem Vater zurückkehrt und von diesem in Freude aufgenommen wird, bezeugt Jesus die Botschaft von der unbegrenzten Barmherzigkeit und Vergebungsbereitschaft Gottes.

bzw. ihre Repräsentanten übergegangen. In Mt 16,19 wird Petrus vom Herrn die Vollmacht eines auch im Himmel gültigen Bindens und Lösens zugesprochen. Das Gleiche geschieht Mt 18,18 gegenüber der ganzen Gemeinde.

Dabei (Mt 18,15–18) begegnen wir bereits einem frühchristlichen *Bußverfahren* innerhalb der so genannten Gemeinderegel von Mt 18. Dieses Bußverfahren, das Stufen der Zurechtweisung kennt, endet schlimmstenfalls mit dem Ausschluss des Sünders aus der Gemeinde, der bindende Wirkung vor Gott hat, kennt aber auch die Wiederaufnahme – das Lösen – , die ebenfalls vor Gott gilt. Eine ähnliche Vollmacht wird den Jüngern in Joh 20,23 zugesprochen: „Wem ihr die Sünden vergebt, dem sind sie vergeben; wem ihr die Vergebung verweigert, dem ist sie verweigert."

Ein entsprechendes Bußverfahren wird auch für die paulinischen Gemeinden bezeugt. Paulus mahnt die Gemeinde im Blick auf einen Unzuchtssünder: „Schafft den Übeltäter weg aus eurer Mitte!" (vgl. 1 Kor 5,9–13) Unter der gleichsam inneren Leitung des Paulus soll die Gemeinde dieses Urteil des Ausschlusses fällen, „diesen Menschen dem Satan (zu) übergeben zum Verderben seines Fleisches, damit sein Geist am Tag des Herrn gerettet wird" (vgl. 1 Kor 5,3–5). Auch hier hat der Ausschluss also einen zugleich medizinalen Charakter (vgl. 2 Kor 2,5–11): Der Sünder soll gerettet, versöhnt werden. *Ein zumindest ebenso wichtiges Motiv ist im Neuen Testament aber auch die Wahrung der Heiligkeit der Gemeinde, die durch den Sünder verletzt wird.* Die neutestamentlichen Wurzeln des Bußsakramentes haben also einen stark *gemeinschaftsbezogenen Charakter*: Sünde wie Sündenvergebung berühren die Gemeinde zutiefst, und die Gemeinde selber wirkt bei den entsprechenden Bußverfahren aktiv mit.

Dass Sündenvergebung, die letztlich von Gott kommt, beim Menschen Umkehr und Reue (vgl. Lk 15,11–24; Apg 2,37ff; 2 Kor 7,9f), möglicherweise aber auch das Sündenbekenntnis (vgl. 1 Joh 1,8–10); Jak 5,15f) und die aktive

Mitverantwortung für die Überwindung der Sündenfolgen (vgl. Mt 6,2–6; 6,16–18; 1 Tim 1,18ff) einfordert, lässt das Neue Testament deutlich erkennen.

So kann man den neutestamentlichen Befund etwa in folgender Weise zusammenfassen: Die Sündenvergebungsvollmacht Jesu, die in seinem Sich-eins-Wissen mit seinem himmlischen Vater begründet ist, geht in der Weise auf die Kirche über, *dass diese als ganze bzw. in ihren Ämtern und Diensten daran teilhat*. Sie konkretisiert sich in unterschiedlichen Bußverfahren. Am Sünder kann sie sich auswirken, wenn dieser zur Sinnesänderung (Reue) bereit ist und den Weg einer aktiven Umkehr geht. Dazu kann auch das Sündenbekenntnis gehören.

Die Lehre vom Bußsakrament im Wandel der Geschichte

Die Geschichte des Bußsakramentes ist von tief gehenden Wandlungen geprägt und äußerst facettenreich. Sie kann hier nur in starker Vereinfachung skizziert werden. Zu unterscheiden ist vor allem die „*Kanonische Kirchenbuße*" des kirchlichen Altertums von der sich seit dem sechsten Jahrhundert durchsetzenden Tarifbuße und Privatbeichte bzw. „Ohrenbeichte", die ihrerseits, was die theologische Gewichtung ihrer essentiellen Momente angeht, *eine weit reichende Entwicklung* durchmacht. Man kann staunen, dass es sich dabei um dasselbe Sakrament handelt. Zu beachten ist zudem, dass das Bußsakrament in den Ostkirchen sich nicht unwesentlich anders entwickelt hat als im Westen.

(1) Seit dem frühchristlichen Kirchenschriftsteller *Tertullian* (um 160 – nach 220) haben wir deutliche Zeugnisse für die *Kanonische Kirchenbuße*, bei der die Gemeinde wie bei neutestamentlichen Bußverfahren beteiligt bleibt, wenn auch die entscheidenden Funktionen auf die kirchlichen Amtsträger übergehen. *Diese Kirchenbuße war nur für*

überaus schwere Sünden, so genannte Kapitalsünden, nämlich Glaubensabfall, Mord und Ehebruch, vorgesehen, und sie wurde nur einmal im Leben gewährt. Man betrachtete sie, was die sündentilgende Wirkung angeht, als eine Art Wiederholung der Taufe: die zweite „Rettungsplanke nach dem Schiffbruch“, eine „mühevolle Taufe“. Dem Bekenntnis der Sünde vor dem Bischof und in allgemeiner Form auch vor der Gemeinde folgte eine oft sehr lange Bußzeit mit harten Bußauflagen, die den Büßenden, den Pönitenten, unter Umständen lebenslang belasteten. *Nach Ablauf der Bußfrist erfolgte die Wiederaufnahme in die volle Gemeindemitgliedschaft durch die Handauflegung des Bischofs bzw. der Vorsteher.* Auch hier war die Gemeinde durch Fürsprache beteiligt. Man war überzeugt: Aussöhnung mit der Gemeinde bedeutete zugleich Aussöhnung mit Gott, Gottes Vergebung (*pax cum ecclesia = pax cum Deo*).

Die harte Praxis der Kirchenbuße führte freilich im Laufe der Zeit dazu, dass man dieses Sakrament erst möglichst kurz vor dem Sterben empfing. Eine weitere Chance kirchlicher Buße und Sündenvergebung bei Kapitalsünden war ja nicht mehr gegeben, man konnte einen „Wiederholungstäter“ nur noch dem vielleicht doch barmherzigen Gericht Gottes überlassen.

(2) Die so genannte *Tarifbuße*, die sich vom irisch-angelsächsischen Kirchenbereich her trotz Widerständen bald im ganzen Westen der Kirche durchsetzte, *kennt die wiederholte Lossprechung (Absolution).* In Bußbüchern waren genaue Wiedergutmachungsleistungen festgelegt, die jeweils dem Pönitenten auferlegt wurden. Bei der Erfüllung dieser Leistungen rissen viele Missstände ein. Indessen entwickelte sich aus dieser Art der Tarifbuße die uns bekannte Form der *Privatbeichte*, wobei die harten Bußauflagen durch einfachere, eher verborgene ersetzt wurden. *Das Bekenntnis der Sünde wurde nun zum entscheidenden Akt des Bußsakramentes, dem Bußauflage und Absolution durch den Priester unmittelbar folgten.* Im Osten der Kirche hatte sich schon

vom Ende des vierten Jahrhunderts an neben der Kirchenbuße die individuelle Beichte bei einem Seelenführer (meist ein Mönch, der nicht Priester zu sein brauchte) durchgesetzt.[86]

(3) Einer der Ersten, die die neue Bußpraxis der Privatbeichte und ihren Sakramentscharakter theologisch reflektierten, ist *Petrus Lombardus* (um 1095–1160). Wichtig ist ihm dabei einerseits das Bekenntnis der Sünden, andererseits die den Priestern anvertraute Schlüsselgewalt: „Das Urteil des Priesters muss mit Eifer gesucht werden, weil Gott den Priestern die Vollmacht des Bindens und des Lösens zuerkannte. Wem daher diese vergeben, dem vergibt Gott. Wenn allerdings kein Priester da ist, dann muss das Bekenntnis vor dem Nächsten oder einem Gefährten abgelegt werden."[87] Eine wichtige Frage in der theologischen Diskussion des Mittelalters war denn auch das Problem, ob die Absolution des Priesters Grund für die Tilgung der Schuld bei Gott sei. *Thomas von Aquin* bejahte diese Frage, er nahm aber auch die frühere Einsicht von der sündentilgenden Kraft der Reue in seine Lösung auf: *Die wahre Reue ist mit dem Verlangen nach dem Sakrament verbunden und tilgt als solche die Sünde.*

(4) Die Theologie des *Thomas von Aquin* ging in die Lehre der Kirche ein. Das *Konzil von Florenz* (Lehrentscheid für die Armenier von 1439) sieht in den Akten des Büßenden – Reue, Bekenntnis, Genugtuung – „gleichsam die Materie dieses Sakramentes", „die Form ... sind die Worte der Lossprechung, die der Priester spricht ... Die Wirkung ist die Lossprechung von den Sünden"[88].

(5) Gegenüber reformatorischen (recht unterschiedlichen) Angriffen auf das Bußsakrament hat das *Konzil von Trient* 1551 eine umfangreiche „Lehre über das Bußsakrament" und zugleich fünfzehn Lehrsätze vorgelegt, *die für die Folge entscheidenden Einfluss ausgeübt haben.*[89] Besonders wichtig sind die folgenden, hier nur verkürzt wiedergegebenen Aussagen:

- Das Bußsakrament ist ein von Christus eingesetztes Sakrament und wiederholbar.
- Es gibt eine eigentliche kirchliche Vollmacht, Sünden nachzulassen und zu behalten.
- Auch eine so genannte unvollkommene Reue bereitet auf den Empfang der sakramentalen Gnade vor.
- Das Bekenntnis der Sünden vor dem Priester entspricht dem Auftrag Christi und ist „nach göttlichem Recht“ eingesetzt.
- Es ist „nach göttlichem Recht“ notwendig, im Bußsakrament alle Todsünden einzeln zu bekennen.
- Einmal im Jahr sind die Christen verpflichtet, ihre (Tod-) Sünden zu beichten.
- Die sakramentale Lossprechung des Priesters ist ein wirksamer *richterlicher Akt*, keine reine Dienstleistung einer Vergebungsansage.
- Nur Priester – selbst im Stand der Todsünde – haben die Vollmacht, zu binden und zu lösen.
- Mit der Schuld wird nicht immer die ganze Sündenstrafe von Gott erlassen.

Die Blickweitung durch das Zweite Vatikanische Konzil

Es ist leicht zu sehen, dass in der Lehre des Konzils von Trient, so richtig sie im Einzelnen sein mag, wichtige Dimensionen ausfallen – so vor allem der Gemeinschaftsbezug von Sünde und Sündenvergebung –, andere aber missverständlich überakzentuiert werden, so beispielsweise der Gerichtscharakter des Bußsakraments. Im *Zweiten Vatikanischen Konzil wird nach entsprechenden theologischen Vorarbeiten*[90] *die Lehre vom Bußsakrament wieder in einen größeren Zusammenhang gestellt.*

Ein schon zitierter *Schlüsseltext des Konzils*, der dann in späteren kirchlichen Lehrtexten noch weiter entfaltet und konkretisiert wird, lautet: „Die aber zum Sakrament der Buße hinzutreten, erhalten für ihre Gott zugefügten Beleidigungen von seiner Barmherzigkeit Verzeihung und werden zugleich mit der Kirche versöhnt, die sie durch die Sünde verwundet haben und die zu ihrer Bekehrung durch Liebe, Beispiel und Gebet mitwirkt.“[91]

In diesem Rahmen werden wichtige neue Akzente von der *Kongregation für den Gottesdienst* in der pastoralen Einführung zum neuen „Ordo Paenitentiae“ (= Ordnung der Buße, 1973)[92] gesetzt. *Das Bußsakrament ist ein Werk der ganzen Kirche, und es hat den Charakter der Feier.* Vom *Bußsakrament* zu unterscheiden ist der *Bußgottesdienst,* bei dem es keine Lossprechung, sondern nur eine Vergebungsbitte gibt. Den Gemeinschaftsaspekt des Bußsakraments spiegelt nicht zuletzt die neue *Lossprechungsformel* wider, in der es nach dem Hinweis auf die Heilstat Gottes heißt: „Durch den Dienst der Kirche schenke er dir Verzeihung und Frieden. So spreche ich dich los ...“.

In der Bußordnung sind übrigens *drei Formen der sakramentalen Bußfeier* vorgesehen:

- Feier der Versöhnung für den Einzelnen;
- Feier der Versöhnung für mehrere mit Einzelbekenntnis und Einzellossprechung;
- Feier der Versöhnung für mehrere mit allgemeinem Bekenntnis und allgemeiner sakramentaler Lossprechung (*Generalabsolution*) bei pastoraler Notlage. In diesem Fall muss das Einzelbekenntnis bei sich bietender Gelegenheit nachgeholt werden.

Papst Johannes Paul II. hat in seinem Apostolischen Schreiben „Reconciliatio et Paenitentia“ von 1984 diese Ordnung bekräftigt, möchte aber die dritte Form sehr nachdrücklich nur als Ausnahme unter schwierigen seelsorgerlichen Bedingungen angewandt wissen.

Theologische und katechetische Aufgaben, die sich weiter stellen

Es ist unbestreitbar, dass sich die Einrichtung der Einzelbeichte heute in einer schweren Krise befindet. Einige Gründe dafür wurden schon eingangs genannt. Was systematische und praktische Theologie hier tut und noch mehr tun kann, ist Folgendes:

(1) Das Bußsakrament ist in den recht verstandenen Bußcharakter christlichen Lebens und den Versöhnungsauftrag der Kirche einzuordnen, *wobei der befreiende, Freude schenkende, nicht mühselig belastende Charakter der Buße herauszustellen wäre*. Nicht nur im Bußsakrament geschieht Sündenvergebung, Versöhnung. Was in jedem Christenleben einmal in der Taufe grundlegend geschehen ist als von Gottes Gnade getragene Hinkehr, Umkehr des Menschen zu Gott, das soll zu einer Grundbestimmung des Christenlebens werden. Dieser existentielle Nachvollzug der Taufe als dankbare Annahme von Gottes Vergebung und der Versöhnung mit den Mitmenschen hat viele Formen, nicht zuletzt auch die vom Mitmenschen erbetene und von ihm gewährte Verzeihung oder die Mitfeier der Eucharistie und der Empfang der Kommunion. *Eine sehr hilfreiche, bei Todsünde bzw. bei schwerer Sünde notwendige, ist das Bußsakrament.*

(2) Es gilt, weiter nach einer *Synthese zwischen dem privaten und dem kirchlich-sozialen Charakter von Versöhnung und Buße* zu suchen. Gewiss geschieht Vergebung Gottes so unmittelbar, dass sie Gottes Antwort auf jede „vollkommene“, d.h. von Liebe beseelte Reue ist, aber der soziale Aspekt jeder Sünde fordert die wiederum auch in vielen Formen mögliche Beteiligung der Kirche, der Gemeinde, im Falle der Todsünde die des Bußsakraments. Viele Theologen sehen hier im Frieden mit der Kirche das wirksame Zeichen bzw. Symbol des Friedens mit Gott.

(3) In diesem Zusammenhang gilt es auch zu fragen, ob es nicht *weitere Entwicklungsmöglichkeiten* des Bußsakra-

ments geben könnte – und dies angesichts der Spannweite seiner geschichtlichen Entfaltungsgestalten. Zwar scheinen die Definitionen des Konzils von Trient neben der Einzelbeichte kaum mehr große Entwicklungen zuzulassen. *Doch wird die entsprechende Auslegungskunst (Hermeneutik) den zeitbezogenen Abwehrcharakter dieses Konzils zu berücksichtigen haben.* Nach Meinung mancher Theologen könnte auch ein möglichst konkretes, aber doch gemeinsames Bekenntnis den Forderungen des Konzils genügen und so eine wirkliche gemeinschaftliche Feier des Bußsakramentes erlauben.

Auf alle Fälle ist es notwendig, den Gerichtscharakter des Bußsakramentes neu zu interpretieren. Gericht ist das Bußsakrament im Sinne einer Ähnlichkeit, *der Analogie*; es ist *Gnadengericht, freie Aufdeckung der Sünde, der der Zuspruch göttlicher Vergebung entsprechen muss, wenn dem keine schwerwiegenden Gründe widersprechen.* Hinzuweisen wäre beim Gerichtsgedanken auch auf die naheliegende Ableitung des Wortes „richten“ von „recht“, „richtig“. Gericht ist ursprünglich auch in der juristischen Sprache nicht so etwas wie „Hin-Richtung“, sondern „Her-Richtung“, d. h. Herstellung des ursprünglich gemeinten Zustandes, des „Sollzustandes“. Genau das macht Gott im Bußsakrament: Er *macht gerecht,* er rechtfertigt (*justum facere = justificare*), er bringt den durch die Sünde versehrten Menschen wieder zurecht.

In ähnlichem Sinn relativiert das Apostolische Schreiben Papst Johannes Pauls II. „Reconciliatio et paenitentia“ „den Gerichtscharakter des Bußsakraments … Neben der richterlichen sei dem Bußsakrament auch eine *heilende Funktion* zuzuschreiben“.[93] An einer entsprechenden Bewusstseinswandlung ist sicher weiter zu arbeiten.

(4) Letztlich gilt es, das Verständnis des Bußsakramentes als liturgisches Geschehen, als Feier zu vertiefen. Diese Betrachtung des Bußsakramentes als *„Feier der Versöhnung“* schließt noch einmal den Gedanken an ein Gerichtsverfahren im engeren Sinne aus. In der liturgischen Feier

geht es viel eher um Bitte, Zuspruch und Segen, Lob und Dank in der Gemeinschaft der Kirche. Auch die Sündenvergebungsvollmacht der Kirche realisiert sich letztlich als erhörungsgewisse Bitte, d. h. *der Priester kann nur auf Grund der erhörungsgewissen Bitte der Kirche um das Wirken des Geistes vollmächtig Vergebung zusprechen.*

(5) Zugleich muss an einer *Erneuerung des Verständnisses der drei „Büßerakte" Reue, Bekenntnis oder Beichte im engeren Sinn und Genugtuung* weitergearbeitet werden.

a) Die *Reue*, Kernstück der Buße und des Bußsakraments, ist die von Erkenntnis und Wollen (wünschenswerterweise auch vom Fühlen) getragene Abkehr von der eigenen Sünde und Hinkehr zu dem von Gott Gewollten, ja zu Gott selbst, und zugleich auch zu den Mitmenschen. Als *vollkommene Reue* wird sie vor allem von dem Motiv der Gottesliebe bewegt, als *unvollkommene Reue*, wie sie für das Bußsakrament genügt, vom Motiv der (sittlich wertvollen) Gottesfurcht sowie von der Einsicht in das Schädliche und Strafwürdige der Sünde und der Furcht davor.

Folgende Momente dürften für ein fruchtbares Verständnis von Reue wichtig sein:

- *Reue ist ein dialogisches Geschehen*, bei dem Gott das erste Wort spricht, das Wort seiner Vergebungsbereitschaft; ihm darf, muss und kann der Mensch antworten, indem er sich zu Gott hinkehrt und mit Erkennen, Wollen und womöglich auch im Fühlen von seiner Sünde abkehrt.
- Bei der von Gott ermöglichten Reue steht die Hinkehr zu Gott im Vordergrund. Im Licht der verzeihenden Liebe Gottes zeigt sich erst voll die „Abwegigkeit" der Sünde sowie der Wille Gottes als Weg aus der Selbstzerstörung und der Verwundung anderer in die wahre Selbstverwirklichung, die immer mit der Förderung anderer verbunden sein muss.

b) Es ist sicher davon auszugehen, dass die Notwendigkeit eines persönlich engagierten *Bekenntnisses* schwerer

Sünde vor der Kirche zur Substanz christlicher Glaubensüberlieferung gehört. Aber was ist schwere Sünde? Nach der Tradition gehört dazu ein schwerwiegender Tatbestand, volle Erkenntnis und uneingeschränkte Willensfreiheit. Da auch in der Moraltheologie die sittliche Bewertung mancher Tatbestände (im Bereich des 6. Gebotes war früher eigentlich fast alles schwere oder Todsünde) differenzierter geworden ist, und der wohlerwogenen Gewissensentscheidung des Menschen eine höhere Bedeutung eingeräumt wird, *kann der Christ, der sich um ein Gott und den Menschen zugewandtes Leben müht, davon ausgehen, dass eine Todsünde bei ihm die absolute Ausnahme bleibt und ihm selbst als Katastrophe evident wird*. Beim Bekenntnis anderer Sünden wird man subjektive Schwerpunkte setzen dürfen, die neuralgische Punkte wiederholten eigenen Versagens gerade auch anderen gegenüber betreffen.

c) *Genugtuung*, auch in einem speziellen Sinne Buße (= Besserung) genannt, ist der letzte der drei Büßerakte im Bußsakrament. *Sie ist der von Gottes Gnade getragene Einsatz zur Wiedergutmachung der Sünde bzw. der Sündenfolgen gegenüber Gott, dem durch seine Sünden verletzten Sünder selbst und gegenüber den Mitmenschen*. Angesichts von Missverständlichkeiten in der Vergangenheit ist heute mit Nachdruck herauszuarbeiten, dass erstlich und letztlich Gott im Menschen die Werke der Genugtuung vollbringt, dass er aber allein aus Gnade den Menschen zu seinem freien Mitarbeiter macht. Der Mensch darf zu seiner eigenen Heilung und zur Heilung der durch die Sünde gestörten mitmenschlichen Beziehungen an Christi allein genugtuendem und heilendem Werk teilhaben. Dass Beichtväter oft sinnvollere Bußleistungen aufgeben müssten als nur Standardgebete, sei hier nur angemerkt.

(6) Eine der wichtigsten Aufgaben in der Überwindung der Krise des Bußsakramentes in der Gegenwart ist sicher eine entsprechende Bußkatechese: Nicht nur Kinder und Jugendliche bedürfen dieser Katechese, sondern auch Erwach-

sene aller Altersstufen.[94] Nur so wird dieses Sakrament als *hilfreich für eine recht verstandene Selbstverwirklichung in geglückten mitmenschlichen Beziehungen* empfunden und neu genutzt werden können.

Ökumenische Chancen

Das ökumenische Gespräch über das Bußsakrament steht noch eher in seinen Anfängen. Es zeigt aber doch ein zunehmendes gegenseitiges Verständnis.

(1) So bezeugt ein *vom Reformierten Weltbund und dem katholischen Einheitssekretariat* verabschiedeter Bericht (1977) dem Amt in der Kirche eine von Christus, dem Herrn, übertragene und lebendig gehaltene *Schlüsselgewalt*, die sich speziell in der Vergebung der Sünden und im Ruf zur Buße konkretisiert.[95]

(2) *E. Schlink* (1903–1984) zeigt in seiner „Ökumenischen Dogmatik", *dass kirchliche Bußordnungen, die auch die Privatbeichte einschließen können, in der Tradition der reformatorischen Kirchen immer ihren Platz hatten und so auch weiter haben müssen.*[96] Schließlich lässt sich nach dem *Ökumenischen Arbeitskreis evangelischer und katholischer Theologen*[97] feststellen, dass die Bedeutung der Beichte auch von lutherischer Seite (neu) erkannt worden ist. Es kann ein wachsendes Verständnis für die beiderseitigen (geläuterten) Positionen festgestellt werden. Der evangelisch-lutherischen Seite ist eine sakramentale Sicht der Buße und eine entsprechende Praxis weder in der Geschichte noch heute fremd.

(3) Ein Gesichtspunkt, den auch die westliche Tradition kennt, könnte und sollte im Dialog mit den Ostkirchen weiter bedacht werden: Ostkirchlichem wie westkirchlichem Bußverständnis ist bei manchen Verschiedenheiten eines gemeinsam: *Das Bußsakrament steht im Dienst der eucharistischen Gemeinschaft der Kirche; es steht zugleich im Dienst des heilenden Gesprächs.*[98]

Anmerkungen zum Thema Ablass

Der Ablass gehört nicht direkt zum Thema Bußsakrament, so sehr er historisch und sachlich damit zu tun hat. Ablass ist nach dem Kirchlichen Gesetzbuch „der Nachlass zeitlicher Strafe vor Gott für Sünden, deren Schuld schon getilgt ist; ihn erlangt der entsprechend disponierte Gläubige unter bestimmten festgelegten Voraussetzungen durch die Hilfe der Kirche, die im Dienst an der Erlösung den Schatz der Sühneleistungen Christi und der Heiligen autoritativ verwaltet und zuwendet" (CIC can. 992). Man kann ihn für sich selbst gewinnen oder fürbittweise Verstorbenen zuwenden. Die sehr verrechtlichte Fassung dieser Lehre vermag auch heute noch Schwierigkeiten zu bereiten.

(1) Die Lehre vom Ablass hat in der Bibel *keine direkten Anhaltspunkte*. Indirekt sprechen zu ihren Gunsten:

- die Auffassung, *dass mit der göttlichen Vergebung einer Schuld nicht notwendig auch deren (Straf-)Folgen beseitigt sind* (vgl. z. B. 2 Sam 12,10–14; 1 Kor 5,5);
- die Überzeugung, dass die Kirche eine solidarische Gemeinschaft ist, *in der es in Schuld und Gnade Wechselwirkungen gibt* (vgl. z. B. 1 Kor 12,25f).

(2) Praxis und Lehre vom Ablass sind erst seit dem 11. Jahrhundert in der Kirche des Westens entstanden, gründen aber in der Bußgeschichte des ersten Jahrtausends: Die *Straffolgen* der Sünden müssen durch *Bußwerke* mühsam aufgearbeitet werden, *dabei kann die Kirche dem Büßenden hilfreich zur Seite stehen.* – Die Kirchen des Ostens kennen den Ablass nicht.

(3) Im Spätmittelalter wird das Ablasswesen zu einer häufig schwer missbrauchten Geldquelle degradiert. Gegen die Reformatoren, die den Ablass ablehnen, wird vom *Konzil von Trient* gelehrt, der „segensvolle" Gebrauch von Ablässen sei beizubehalten, die Kirche habe das Recht, sie zu verleihen, jedoch müssten Missbräuche abgestellt werden.[99] *Papst Paul VI.* (1963–1978) stellt in seiner Verlautbarung

über die Neuordnung des Ablasswesens von 1967 fest, *es gehöre zur Freiheit der Kinder Gottes, Ablässe zu gewinnen oder nicht.*[100]

(4) Für ein sinnvolles, auch ökumenisch verantwortbares Verständnis des Ablasses könnten folgende Überlegungen hilfreich sein: Die so genannten zeitlichen Sündenstrafen sind nicht einfach als von Gott verhängte Strafmaßnahmen zu verstehen, sondern als *„leidschaffende Sündenfolgen", Zerstörungen im Sünder selbst und in dessen Mitweltbeziehungen, die mit Hilfe der Gnade Gottes aufgearbeitet werden müssen.*

Der jurisdiktionelle Charakter des Ablasses ist als vollmächtiges, der Erhörung gewisses Gebet der Gesamtkirche mit ihrem Haupt Christus zu verstehen, das dem Sünder hilft, diese Sündenfolgen durch innere Umkehr zu überwinden.

Der Ablass ist eine hilfreiche unter anderen Chancen im „Freiraum christlicher Lebensgestaltung" (W. Beinert).

5. Die Krankensalbung

Ein Sakrament im Blickwandel

Bei der Krankensalbung, vom 12. bis zum 20. Jahrhundert auch *Letzte Ölung* genannt, handelt es sich um dasjenige Sakrament der Kirche, das, was seine Situiertheit und die Einschätzung seiner Wirkung angeht, *vielleicht die auffälligsten Wandlungen durchgemacht hat*: zwischen kirchlichem Altertum und Mittelalter und dann wiederum um die Zeit des Zweiten Vatikanischen Konzils. Die dazwischenliegende Zeit der Blickverengung hat gegenüber diesem Sakrament Barrieren aufgerichtet, die bei nicht wenigen Menschen auch heute noch nicht abgebaut sind und die Lebensbedeutung der Krankensalbung verkennen lassen.

(1) Während nach neutestamentlichem Zeugnis und noch im ersten Jahrtausend das Sakrament der Krankenölung *wirklich für die ernsthaft Erkrankten da war, ausgerichtet auf ihre ganzmenschliche Heilung*, ihr Heil, kam es im frühen Mittelalter zu einer bedeutsamen Verschiebung im Verständnis, *die präzise in der nun gebrauchten Bezeichnung „Letzte Ölung" zum Ausdruck kommt.* Das Sakrament galt nun zusammen mit dem Bußsakrament und der Kommunion, der „letzten Wegzehrung", als *Sterbesakrament*, als eine Art Todesweihe, als „Sakrament des letzten Stündleins". Entsprechend schob man seinen Empfang möglichst weit hinaus, oft bis in die unmittelbare Todesnähe und die damit möglicherweise verbundene Bewusstlosigkeit. Man wollte den Lebenswillen des Schwerkranken nicht lähmen bzw. den Sterbenden nicht erschrecken. *Die Letzte Ölung war im Bewusstsein der Gläubigen Zeichen des nahen und unabwendbaren Todes*, wichtig und heilsam in erster Linie für das Leben nach dem Tode.

(2) Im Einführungswort zur „Feier der Krankensakramente", das die Bischöfe des deutschen Sprachgebietes 1974

herausgaben, kommt ein ganz anderes Verständnis zum Ausdruck: Die Krankensalbung ist in ernsthafter Krankheit oder Altersschwäche das „Sakrament der Aufrichtung". „Die Krankensalbung muss in den gläubigen Gemeinden wieder das eigentliche Sakrament der Kranken werden. Ihr Ansatzpunkt im Leben ist nicht das herannahende Ende; sie darf nicht als Vorbote des Todes erscheinen. Vielmehr will der Herr in diesem Sakrament dem kranken Menschen als Heiland im tiefsten Sinn des Wortes so begegnen, wie er es in seinem irdischen Leben mit Vorliebe getan hat. Der Heiland ist es, der in der Person des Priesters lindernd und stärkend dem Kranken die Hände auflegt und ihm die Aufrichtung schenken will, die der Kranke in dieser bedrückenden Lebenssituation braucht ... In der leibseelischen Krise, die jede schwere Erkrankung mit sich bringt, auch wenn sie noch lange nicht tödlich zu sein braucht, muss der Kranke dankbar sein für die Stärkung, die Christus ihm anbietet."[101]

Fragen wir zuerst nach der biblischen Begründung und dem biblischen Verständnis dieses Sakramentes, das die Kirchen der Reformation so nicht kennen.

Die Krankensalbung im Zeugnis des Neuen Testamentes

Die klassische Stelle zur Begründung von Existenz, Spenderitus und Heilswirkung der Krankensalbung im Neuen Testament findet sich im Jakobusbrief (Jak 5,14f). Aber in ihrem Hintergrund steht die Tatsache, *dass Jesus seine Jünger nicht nur zum Verkündigen, sondern auch zur Krankenheilung gesandt hat, die offenbar im Zeichen einer Ölsalbung geschah* (vgl. Mk 6,13).

(1) Im Textzusammenhang von Jak 5,14f werden Anweisungen für bestimmte Lebenslagen gegeben: Not, Freude (5,13) und Krankheit (von einer zum Tod führenden Krankheit ist dabei nicht die Rede):

> „Ist einer von euch krank? Dann rufe er die Ältesten der Gemeinde zu sich; sie sollen Gebete über ihn sprechen und ihn im Namen des Herrn mit Öl salben. Das gläubige Gebet wird den Kranken retten, und der Herr wird ihn aufrichten; wenn er Sünden begangen hat, werden sie ihm vergeben."

Die hier genannten Ältesten sind keine Charismatiker, sondern *Amtspersonen, deren Amt in dieser Spätzeit des Neuen Testamentes bereits institutionalisiert ist.* Exegetisch lässt sich diskutieren, ob die verheißene Auswirkung der Salbung und des Gebetes die Gegenwart betrifft oder ob die endzeitliche Zukunft gemeint ist. Überwiegend wird heute für eine Wirkung in der Gegenwart bzw. für die nahe Zukunft plädiert. Der Herr wird den Kranken durch Gebet und Salbung retten und aufrichten.

Welcher Art ist das Heil, das damit angesprochen wird? Das Mittelalter hat eindeutig die geistig-seelische Wirkung in den Vordergrund gestellt. Das ist nach heute fast allgemeiner Auffassung unzutreffend. *Dass es sich um ein den ganzen Menschen betreffendes Heil handelt, zeigt der unmittelbare Textzusammenhang*. Jak 5,13 sieht den Menschen als Ganzheit, der alle leiblichen und seelischen Bedrängnisse mit Bitte und Lobpreis vor Gott trägt. Speziell *„retten"* meint auf dem Hintergrund spätjüdischer Anschauungen eine heilbringende Wirkung für den Leib des Kranken; *„aufrichten"* meint darüber hinaus die seelische Aufrichtung des Kranken durch den Herrn. Christus hilft ihm bei der inneren Bewältigung seiner Not und Bedrängnis.

Als weitere Wirkung der mit Gebet verbundenen Salbung im Namen, d.h. in der Kraft und im Auftrag, des Herrn wird die Vergebung der Sünden genannt, allerdings nur bedingt. Sie steht also nicht im Vordergrund. Die Wirkung der Krankensalbung betrifft positiv das ganzheitliche Heil des kranken Menschen, wozu auch die Überwindung der das Leben beeinträchtigenden Sünde gehört. Von einem ursächlichen Zusammenhang zwischen Sünde und Krankheit ist dabei nicht die Rede.

(2) Die Selbstverständlichkeit, mit der der Jakobusbrief die „sakramentale" Praxis der Krankensalbung bezeugt, verweist darauf, *dass sie in den neutestamentlichen Gemeinden bekannt war*. Das muss damit zusammenhängen, dass sie letztlich ihren Ursprung und damit ihre Grundlage in einer Praxis hat, zu der Jesus seine Jünger ausgesandt hat. Er rief die Zwölf zu sich und gab ihnen „die Vollmacht, die unreinen Geister auszutreiben" (Mk 6,7).

> „Die Zwölf machten sich auf den Weg und riefen die Menschen zur Umkehr auf. Sie trieben viele Dämonen aus und *salbten viele Kranke mit Öl und heilten sie*" (Mk 6,12f).

Geschichtliche Entwicklungen

Es wurde schon darauf hingewiesen, dass das Sakrament der Krankensalbung in der Geschichte tief greifende Wandlungen durchgemacht hat: vor allem auf der Schwelle zum Mittelalter und dann wieder um die Zeit des Zweiten Vatikanischen Konzils.

(1) Über die Entwicklung der Krankensalbung in den frühen Jahrhunderten der Kirche weiß man wenig. Überliefert sind hauptsächlich Weihegebete für das Krankenöl, wobei die Ölweihe mehr und mehr den Bischöfen vorbehalten wurde. In ihr sah man zeitweilig und vor allem im Westen sogar die eigentliche sakramentale Handlung.

Das früheste lehramtliche Zeugnis für Praxis und theologisches Verständnis der Krankensalbung ist ein Brief *Papst Innozenz' I.* (402–417) an den Bischof *Decentius von Gubbio* von 416. Auf die Frage nach dem Sinn der Jakobus-Stelle antwortet der Papst: „Zweifellos muss das von den kranken Gläubigen verstanden werden, die mit dem heiligen Öl des Chrisma gesalbt werden können. Dieses Öl wird vom Bischof geweiht und darf nicht nur von den Priestern, sondern von allen Gläubigen in eigener Not oder in der Not der Ihrigen zur Salbung verwendet werden."[102] Des Weiteren sagt Innozenz, *diese Ölsalbung gehöre zu den Sakramenten. Er stellt die Krankensalbung in die „Normalsituation" menschlichen Krankseins.* Die Wirkung wird einschlussweise in der Überwindung der (ganzmenschlich zu verstehenden) Krankheitsnot gesehen. Spender sind neben Priestern und Bischöfen auch Laien, ja die Kranken selber. Der Nachlass der Sünden wird hier gar nicht, in anderen Texten selten erwähnt.

(2) Vom frühen Mittelalter an kommt es zu einer bedeutsamen Verschiebung: Die Krankensalbung wird *Sterbesakrament*, sakramentale Weihe der letzten Stunde. Die Spendung durch Laien kommt seit Beginn des Mittelalters außer Übung; sie wird im 9. Jahrhundert verboten, was damit im Zusammenhang steht, *dass man nun nicht mehr in der bischöflichen Krankenölweihe den Vollzug des Sakramentes erblickt.* Näherhin verbinden die liturgischen Ordnungen seit dem frühen Mittelalter fast ausnahmslos die Krankensalbung mit der Beichte des Todkranken und mit der „Wegzehrung", einer letzten Stärkung für den „Hinübergang" durch die eucharistische Kommunion. Zugleich wird die Krankensalbung verfeierlicht (z. B. meist Salbung an sieben verschiedenen Stellen des Körpers); sie wird teuer, und vor allem, sie wird mit harten Auflagen verbunden, die den Gesalbten dem normalen Leben teilweise entziehen (er darf beispielsweise kein Fleisch mehr essen, keinen ehelichen Verkehr mehr haben, nicht mehr tanzen usw.). Das alles bringt eine Umschichtung des Bewusstseins: Die Krankensalbung, deren heilende Wirkung im leiblichen Bereich nur noch eine untergeordnete Rolle spielt, *wird ganz auf die Sterbestunde abgedrängt, spiritualisiert und zugleich privatisiert*, sie ist nicht mehr ein Ereignis gemeindlicher Anteilnahme.

Die mittelalterliche Theologie hat diese gewandelte und verengte Praxis theologisch reflektiert und begründet.[103] So nennt *Thomas von Aquin* die Krankensalbung zwar Sakrament der Heilung, er denkt dabei aber vornehmlich an eine geistliche Heilung, an die Überwindung der Sünde und ihrer Folgen, auch wenn er eine leibliche Wirkung nicht völlig ausschließt. Sie ist für ihn vor allem Vorbereitung für den Eintritt in die himmlische Vollendung.

Das *Konzil von Florenz* bestätigt 1439 die im Mittelalter herrschende Theorie und Praxis.[104] Die Materie des Sakramentes „ist vom Bischof gesegnetes Olivenöl", mit dem die fünf Sinne zu salben sind. Die Form der Krankensalbung ist die bis 1972 gültige: „Durch die heilige Salbung und durch sein gütiges Erbarmen verzeihe dir der Herr, was du gesündigt hast durch das Gesicht usw." „Die Wirkung ist die Heilung der Seele und, soweit es gut ist, auch des Leibes."

Da Luther den Jakobusbrief nicht sehr schätzte, konnte er kein positives Verhältnis zur Krankensalbung gewinnen. *Mit den anderen Reformatoren lehnte er darum die Sakramentalität der Krankensalbung ab.* Demgegenüber definiert das *Konzil von Trient* 1551, die „Letzte Ölung" sei ein wirkliches und eigentliches von Christus eingesetztes und von Jakobus verkündetes Sakrament, *sie teile Gnade mit, tilge Sünden und richte durch den Heiligen Geist den Kranken auf*: „Der Gehalt ist nämlich diese Gnade des Heiligen Geistes, dessen Salbung die Vergehen, falls noch solche zu tilgen sind, und die Überbleibsel der Sünden wegnimmt und die Seele des Kranken aufrichtet und stärkt, indem sie ein großes Vertrauen auf die göttliche Barmherzigkeit in ihm weckt, das den Kranken hebt, so dass er die Lasten und Schmerzen der Krankheit leichter trägt ... und manchmal, wenn es das Heil der Seele fördert, auch die körperliche Genesung erlangt."[105]

(3) Das *Zweite Vatikanische Konzil* bricht Verengungen der Vergangenheit auf, *insbesondere stellt es die Krankensalbung neu in den Zusammenhang mit Christus und der ganzen Kirche* (eine christologische und ekklesiologische Konzentrierung): „Durch die heilige Krankensalbung und das Gebet der Priester empfiehlt die ganze Kirche die Kranken dem leidenden und verherrlichten Herrn, dass er sie

aufrichte und rette ..., ja sie ermahnt sie, sich bewusst dem Leiden und dem Tode Christi zu vereinigen ... und so zum Wohle des Gottesvolkes beizutragen."[106]

Dabei wurde der Empfang der Krankensalbung für einen größeren Personenkreis möglich. So erklärt das deutsche Rituale: Dieses Sakrament „soll in jeder ernsthaften Erkrankung, die eine Erschütterung des gesamtmenschlichen Befindens darstellt, empfangen werden. Als Empfänger kommt daher jeder Gläubige in Frage, der sich wegen Krankheit oder Altersschwäche in einem bedrohlich angegriffenen Gesundheitszustand befindet ... Alten Menschen, die sehr geschwächt sind, kann dieses Sakrament gespendet werden, auch wenn keine ernsthafte Erkrankung ersichtlich ist"[107].

Insgesamt soll das Sakrament dem ernstlich Erkrankten oder Geschwächten helfen, die Krise seiner Existenz in einer

Spendung der Krankensalbung in einem Altersheim im Rahmen eines Gemeinschaftsgottesdienstes. – © Klaus Herzog, Aachen.
Das Bild verdeutlicht den durch das Neuverständnis der Krankensalbung erweiterten Empfängerkreis dieses Sakramentes. Es kann – hier in einem Gemeinschaftsgottesdienst – ernstlich erkrankten oder geschwächten Menschen gespendet werden, die selber zum Empfang des Sakramentes herzutreten können.

intensivierten Verbindung mit Christus und der Kirche auf ein umfassendes Heil hin zu überwinden, das freilich nach Gottes Willen auch in einem vertrauensvollen Sterben liegen kann. Die Spendung soll bei jeder Lebensgefahr „wegen Krankheit oder Altersschwäche" erfolgen und der Ritus an die Verhältnisse des Kranken angepasst werden.[108] Diese Grundsätze wurden in einem neuen Ritus konkretisiert, dessen Veröffentlichung 1972 eine Apostolische Konstitution *Papst Pauls VI.* (1963–1978)[109] bzw. eine „Pastorale Einführung" begleitete. Die Salbung erfolgt danach nur auf der Stirn und auf den Händen mit (im Notfall vom Priester selbst) geweihtem Pflanzenöl. Es wird eine neue Spendeformel eingeführt: „Durch diese heilige Salbung helfe dir der Herr in seinem reichen Erbarmen, er stehe dir bei mit der Kraft des Heiligen Geistes: Amen. Der Herr, der dich von Sünden befreit, rette dich, in seiner Gnade richte er dich auf. Amen." Im Übrigen kann die Krankensalbung auch im Rahmen einer gemeinsamen Feier (z. B. verbunden mit einer Eucharistiefeier) einer größeren Zahl von Kranken gespendet werden. (Zur Entwicklung der Lehre von der Krankensalbung vgl. auch S. 114.)

Perspektiven eines neu gedeuteten Sakramentes

Wer die Bedeutung der Krankensalbung neu erschließen und auch weiter in das ökumenische Gespräch einbringen möchte, wird dies auf dem Hintergrund heutigen Denkens, heutiger Lebenssehnsucht und zugleich im Rückgriff auf das Zeugnis der Schrift tun müssen, wobei er sich zugleich von der Tradition leiten lässt, aber deren Verengungen aufzubrechen sucht. Von den Ansätzen des Zweiten Vatikanischen Konzils her sind die anthropologische sowie die christologische und ekklesiologische Dimension der Krankensalbung weiter dogmatisch und pastoraltheologisch zu verdeutlichen.

Die wichtigsten lehramtlichen Stellungnahmen zur Krankensalbung

Lehramtliches Zeugnis	Spender	Empfänger	Wirkung
Brief Innozenz' I. von 416	Weihe des Öls durch den Bischof, Spendung durch Priester und Laien, auch Selbstsalbung	Der Kranke (kein Büßender)	Überwindung der Krankheitsnot
Konzil von Florenz 1439	Weihe des Öls durch den Bischof, Spendung nur durch Priester	Der Sterbenskranke	Heilung der Seele, ggf. auch des Leibes
Konzil von Trient 1551	Weihe des Öls durch den Bischof, Spendung nur durch Priester	Der gefährlich Erkrankte	Gnade des Hl. Geistes zur Wegnahme der Sünden und Sündenüberbleibsel, zur seelischen Aufrichtung im Vertrauen auf Gott und ggf. zur körperlichen Genesung
Zweites Vatikanisches Konzil und Apostolische Konstitution Pauls VI. von 1972	Weihe des Öls durch den Bischof, im Notfall durch Priester, Spendung durch Priester	Der ernstlich Erkrankte und Geschwächte (auch mehrere Empfänger)	Gläubige Vereinigung mit Christus und seiner Kirche zur ganzmenschlichen Aufrichtung und Rettung und zum Wohl der Kirche, in der Kraft des Hl. Geistes und kirchlicher Fürbitte – ggf. Sündenvergebung

(1) Anthropologisch ist zu sehen, dass die Menschen, vor allem die Kranken, kein isoliertes Seelenheil, *sondern ein den ganzen Menschen betreffendes Heil erwarten, das wenigstens den Sinn der Krankheit erschließt und lähmende Ängste überwinden hilft, damit aber zugleich den heilenden Lebenswillen stärkt*. Dies alles kann die Krankensalbung in ihrem sakramentalen Zeichen wirksam zusprechen: die Ölung als Zeichen, dass der Heilige Geist die besondere Situation des Kranken neu belebend ergreift und umgreift, dass er neu mit Christus, dem leidenden und auferstandenen, dass er zugleich mit der Gemeinde Christi verbindet; die Spendeformel, „das Gebet des Glaubens", als wirksames Zeichen der gläubigen Gottbegegnung in Jesus Christus und seiner Kirche. So wird der Kranke im Glauben existentiell erfassen dürfen, dass seine Situation ganz in Gott geborgen und zugleich in den Dienst seines Heiles genommen ist – auch und gerade die dadurch keineswegs ausgeschlossenen ärztlich-medizinischen Bemühungen um seine Heilung – und dass er darin dem Gott des Heiles begegnen darf. Er wird zugleich erfassen dürfen, *dass auch das Sterben, wenn dafür die Stunde gekommen ist, nicht einen totalen Abbruch, sondern im Gegenteil Eingang in die Vollendung des Lebens in vollendeter Gemeinschaft bedeutet*.

(2) Damit ist zugleich die christologische und ekklesiologische Erschließungsdimension angesprochen: *In der Krankensalbung wird der Kranke erneut unter die heilbringende Herrschaft Christi als des einzigen Herrn gestellt*. Die Götzen, die sich ihm in der Krankheitssituation aufbauen können – auch die Sorge um die eigene Gesundheit kann diesen Charakter annehmen –, werden für den glaubigen Empfänger entmachtet, er wird mit Christus auf neue Weise verbunden. *So wird er zugleich mit der Kirche verbunden*, er erfährt den Dienst der Mitchristen, die bei der Feier der Krankensalbung nicht nur in Gestalt des Priesters vertreten sein sollen und die auch weiter für ihn zum Dienst gerufen sind; er kann erfahren, dass seine besondere Situation, im

Glauben angenommen, geeignet ist, „zum Wohl des Gottesvolkes beizutragen“. Dass übrigens die Krankensalbung auch wieder von Laien, die dazu besonders beauftragt sind, gespendet werden könne, wird von manchen Theologen im Blick auf die frühen Jahrhunderte der Kirche für möglich gehalten. Das Konzil hat jedoch eine solche Lösung, wohl mit Rücksicht auf Jak 5,14, nicht ins Auge gefasst.

(3) Das skizzierte Neuverständnis der Krankensalbung dürfte auch im ökumenischen Gespräch Chancen haben, das ansonsten noch eher in den Anfängen steckt, obwohl in einzelnen Kirchen der Reformation die Krankensalbung wieder in Übung kommt.[110] Es müsste ansetzen bei den Erkenntnissen auch protestantischer Exegese, die einen Ritus der Krankensalbung mit ganzmenschlicher und zugleich den Glauben einfordernder Wirkung *als verbreitete urkirchliche Praxis wieder ernst nimmt*. Es müsste zugleich die anthropologische und biblische Einsicht würdigen, dass es Heil nur für den ganzen Menschen geben kann, *christliches Erlösungsverständnis also auch die leibliche Dimension des Menschen berücksichtigen muss*[111], woraufhin gerade protestantisches Menschenverständnis heute ansprechbar sein dürfte. Einzubeziehen sind in dieses Gespräch möglicherweise auch charismatische und pietistische Heilungserfahrungen.[112]

(4) Als eine besondere Aufgabe katechetischer Bewusstseinsbildung wird in einem Dokument des Pastoralen Gesprächs der Diözese Würzburg die *Erschließung der existentiellen Bedeutung der Krankensalbung* vor Augen geführt: „Speziell gilt es, in der Verkündigung (Katechese und Predigt), in der Bildungsarbeit und der liturgischen Gestaltung der Krankensalbung (z. B. in der Handauflegung) ihre existentielle Bedeutung bewusst zu machen. Die Gläubigen sollen wissen, und die Kranken sollen es erfahren können: Die Krankensalbung ‚bringt‘ etwas für Leib und Seele, sie gibt Hoffnung für den ganzen Menschen, Hoffnung auf Überwindung der Krankheit, Hoffnung auf sinnvolles Bestehen und Ertragen der Krankheit. Die Krankensalbung kann als

zeichenhafte Verkündigung und Auswirkung der heilenden Liebe Gottes nicht zuletzt die Krise überwinden helfen, die nicht nur bei älteren, sondern auch bei jüngeren Menschen oft mit einer ernsthaften Erkrankung verbunden ist und sich unter Umständen in Niedergeschlagenheit, Depressionen oder Verzweiflung äußert. Auch dadurch kann sich der Heilungsprozess beschleunigen (vgl. die neu ernst genommenen psychosomatischen Zusammenhänge). Auch für Ältere ist die Krankensalbung keine ‚Weihe der zunehmenden Resignation', sondern Ermutigung, nicht aufzugeben, sie ist Aufgerichtetwerden zu neuen Lebensimpulsen."[113]

6. Das Weihesakrament

Infragestellungen und Annäherungen

Das Weihesakrament (*sacramentum ordinis*) ist dasjenige unter den sieben Sakramenten der katholischen Kirche, *durch das auf sakramentale Weise Amtsträger der Kirche, nämlich Bischöfe, Priester und Diakone, zu ihrem bevollmächtigten Dienst bestellt werden.*[114] Wenn es in der katholischen Kirche auch noch andere Weisen der Amtsübertragung gibt – kirchliche Amtsvollmacht oder Leitungsgewalt (Jurisdiktion) wird auch durch Ernennung oder Berufung in ein Amt, rechtsverbindliche Betrauung mit einem Amt übertragen –, so muss nach heutigem Verständnis eine solche Übertragung von Jurisdiktion im eigentlichen Sinne mit dem Empfang des Weihesakramentes verbunden werden.

Das Weihesakrament und die durch Weihe verliehenen Ämter wurden nicht nur in der Geschichte immer wieder einmal zur Diskussion gestellt, sie erfahren auch und gerade heute manche Infragestellungen sowohl von Außenstehenden wie auch innerhalb der Kirche. Andererseits lässt sich sicher aber auch neues Verständnis gerade für eine in ihrem Sinn neu aufgeschlossene sakramentale Amtsübertragung ausmachen. Wir rufen uns hier zunächst heutige Fragen im Blick auf die sakramentale Amtsübertragung, dann Fragen im Blick auf kirchliches Amt und Amtsverständnis ins Bewusstsein, um schließlich Chancen eines neu erschlossenen Weiheamtes in der Kirche anzudeuten.

(1) Im Blick auf die sakramentale Amtsübertragung fragt man, *ob ein derartiges Sakrament biblisch begründet sei*, was erstmals grundlegend von den Reformatoren des 16. Jahrhunderts bestritten wurde. Die heutige historisch-kritische Exegese scheint einer solchen Bestreitung bis zu einem gewissen Grad recht zu geben. Es gibt im Neuen Testament

Sendungen und Bevollmächtigungen durch Jesus selber, es zeichnen sich in späteren Stufen neutestamentlicher Entwicklung bereits auch sich institutionalisierende Dienste und Ämter ab, *aber von einer direkten Einsetzung des dreigestuften Weihesakramentes durch Jesus Christus wird man nicht sprechen können.*

Weiter fragt man nachdrücklicher als früher, *was das Weihesakrament dem Geweihten eigentlich an neuen Befähigungen und Hilfen bringe,* wenn doch beispielsweise ein Nichtgeweihter möglicherweise bessere Predigten halten könne als ein Geweihter, ein Nichtgeweihter besser leiten könne als ein Geweihter.

Und man fragt, ob Einschränkungen des Empfängerkreises der Weihen – auf Männer, auf zölibatär Lebende – grundsätzlich und speziell heute noch berechtigt seien.

Lassen sich bei den in den westlichen Industrienationen teilweise dramatisch zurückgehenden Priesterzahlen, da immer mehr Gemeinden ohne Pfarrer sind und ein seelsorglicher Notstand droht, solche Einschränkungen noch aufrechterhalten, darf man sie aufrechterhalten?

(2) Im Blick auf die sakramental vermittelten Ämter stellt sich beispielsweise die Frage, ob sie in ihrer traditionellen Gestalt wirklich dem Auftrag der Kirche, also dem Evangelium Jesu Christi, zugute kommen, ob nicht vieles daran geschichtlicher Ballast sei, den es abzuwerfen gelte, *und in welcher Form sie gegebenenfalls unter den Bedingungen unserer Zeit wirksam auszuüben seien.* Die kirchengeschichtliche Forschung hat deutlich werden lassen, *wie sehr die konkrete Ausgestaltung kirchlicher Amtsstrukturen von den soziokulturellen Bedingungen früherer Zeiten abhängt.* Ist die streng hierarchische Amtsauffassung der katholischen Kirche nicht in manchen Zügen ein Relikt aus der römisch-byzantinischen Kaiserzeit, das im Mittelalter durch ein entsprechendes Ordnungsdenken metaphysisch überhöht und legitimiert wurde: die gesamte Wirklichkeit als ein hierarchisch von oben nach unten geordnetes Ganzes, die Laien

entsprechend als „Untergebene“ der Amtsträger, an deren Spitze einsam der Papst steht? Wie ist das mit dem „Amtsverständnis“ Jesu zu vereinbaren, der Leitung eindeutig als Dienst versteht: „Wer der Erste sein will, soll der Letzte von allen und der Diener aller sein“ (Mk 9,35 par.)? Und wie ist es zu vereinbaren mit dem freiheitlich-demokratischen und zugleich funktionalen Bewusstsein unserer Zeit? Wenn auch kein Einsichtiger eine undifferenzierte Anpassung kirchlichen Amtes und Amtsverständnisses an die jeweilige Gegenwart, sozusagen an den Zeitgeschmack, fordern wird, so fragen doch viele mit Recht: Inwieweit können und müssen Amtsverständnis und Amtsausübung in der Kirche – auch von ihrer biblischen Ursprungsgestalt her – dem freiheitlich demokratischen Bewusstsein unsrer Gesellschaft entgegenkommen, wenn das Amt seinen gottgegebenen Auftrag erfüllen will?

(3) Hinter manchen Infragestellungen des Weiheamtes stehen möglicherweise *echte Erwartungen und Hoffnungen der Gemeinden und der Amtsträger selbst*, die durch die zum Glück nicht seltene Amtsausübung im Geiste Jesu von Bischöfen, Priestern und Diakonen noch einmal genährt werden.

Wer der Gefahr entgehen möchte, in seiner eigenen Subjektivität zu ersticken, der wird die Begegnung mit Gott durch Jesus Christus gerade auch in einem menschlichen Gegenüber suchen, das in besonderer Weise von Christus her legitimiert (biblisch gesprochen: gesandt) ist; in dem man dem aufrichtenden, Orientierung und Trost gebenden Christus selber begegnen kann. Eine solche Begegnung vermag an sich durch jeden Mitglaubenden zu geschehen. Im Amt aber ist sie gleichsam institutionalisiert, *hat sie ihr Realsymbol, wird sie aufgrund der Bundestreue Gottes zu einem verlässlichen Angebot*. Das spüren viele Menschen und sehnen sich danach, wofür es deutliche Anzeichen gibt.

Das setzt allerdings beim Geweihten voraus, dass er sich selbst mit allen seinen Möglichkeiten und Grenzen demütig und wandlungsbereit in seine Sendung mit einbringt, dass er sein wahres Selbst nicht verdrängt bzw. durch ein sakral oder „ranschmeißerisch“ aufgeplustertes Über-Ich ersetzt. Andernfalls gibt es diese Sehnsucht nach dem Amt, auch wenn es an Amtsträgern nicht fehlt, höchstens im Modus der Entbehrung.

Aber auch bei den Inhabern eines Weiheamtes bzw. bei denen, die sich darauf vorbereiten, braucht das Vertrauen auf das Weihesakrament bzw. die Sehnsucht danach keineswegs eine Flucht aus der Brüchigkeit der eigenen Existenz in die falsche Sicherheit angemaßter Autorität zu sein. Angesichts der Größe der Aufgabe, Christus und sein Wirken sozusagen von Amts wegen in dieser Welt zu vergegenwärtigen, kann es für den Geweihten eine echte Befreiung und Entlastung sein, *dass ihn Christus im Weihesakrament mit allen seinen Gaben und Unzulänglichkeiten in Dienst nimmt und ihm seinen Beistand zusagt.* Die Sehnsucht nach einer solchen Legitimation und Beistandsverheißung, die sicher gerade in unserer Zeit viele mit der oft schweren Last eines kirchlichen Dienstamtes Betrauten in sich spüren, ist verständlich und legitim.

Kirchliches Amt und Amtsübertragung im Zeugnis der Bibel

Auch wenn man nicht von einer formellen Einsetzung des Weihesakramentes durch den historischen Jesus sprechen kann, so geht das durch Weihe vermittelte Amt in der Kirche doch auf ihn zurück. Schon in neutestamentlicher Zeit, also bis zu den ersten Jahrzehnten des zweiten Jahrhunderts, *zeichnen sich Umrisslinien einer noch sehr flexiblen, vielfältigen Amtsstruktur, und es zeichnen sich Formen der Amtsübertragung ab.*

(1) Jesus selber berief Menschen in eine besondere Form der Nachfolge, die so nicht von allen gefordert war. Und er

Aussendung der Jünger und Schlüsselübergabe an Petrus. – © Bayerische Staatsbibliothek: Evangeliar Ottos III., Clm 4453, fol. 60 v.
Die Darstellung stammt aus dem Ende des 10. Jahrhunderts entstandenen Evangeliar Ottos III. Sie kann verdeutlichen, dass kirchliches Amt auf der Sendung durch Christus den Herrn beruht und folglich an seinem „Amtsverständnis" Maß zu nehmen hat.

gab ihnen – vor allem den „Zwölfen“, die man später auch Apostel nannte – *Anteil an seiner eigenen Sendung*: „Jesus stieg auf einen Berg und rief die zu sich, die er erwählt hatte, und sie kamen zu ihm. Und er setzte zwölf ein, die er bei sich haben und die er dann aussenden wollte, damit sie predigten und mit seiner Vollmacht Dämonen austrieben“ (Mk 3,13–15; vgl. 6,6b–13; Lk 10,1).

(2) Nach Jesu Tod und Auferstehung wissen sich die Zwölf (bzw. die Elf mit dem dazugewählten Matthias) auf neue Weise verpflichtet und *bevollmächtigt, zusammen mit anderen Zeugen der Erscheinungen des Auferstandenen, ihn und die in seinem Geschick geschehene Erlösung zu verkündigen.*

(3) Ihnen gesellt sich Paulus zu, der sich ebenfalls als Erscheinungszeuge (vgl. 1 Kor 15,8) und als von Christus bzw. Gott berufener Apostel (vgl. Röm 1,1) versteht. Besonders eindrucksvoll kommt sein Apostolatsbewusstsein in 2 Kor 5,20 zum Ausdruck: „Wir sind also Gesandte an Christi Statt, und Gott ist es, der durch uns mahnt. Wir bitten an Christi Statt: Lasst euch mit Gott versöhnen!“ Dass er seine *Autorität* nicht *autoritär* versteht, sondern als vollmächtigen *Dienst*, macht Paulus beispielsweise in 2 Kor 1,24 deutlich: „Wir wollen ja nicht Herren über euren Glauben sein, sondern wir sind Helfer zu eurer Freude.“

Bei Paulus wie auch sonst im Neuen Testament begegnet niemals das griechische Wort für Priester (*hiereus*) zur Bezeichnung des christlichen Dienstamtes. Nur in der Form des Verbums kann Paulus den vollmächtigen Dienst der Verkündigung als Verwaltung eines priesterlichen Dienstes bezeichnen (vgl. Röm 15,16). Offenbar verstand er das Amt weder in unmittelbarer Entsprechung zum jüdischen noch zu einem heidnischen Priestertum. Es sollte allein von Jesus Christus und seinem heilbringenden Wirken her verstanden werden.

(4) Die weitere Entwicklung des neutestamentlichen Dienstamtes hat sich in der apostolischen und nachaposto-

lischen Generation in unterschiedlicher Weise vollzogen, *wobei man auch Anleihen bei profanen Amtsstrukturen der jeweils umgebenden Welt machte* (vgl. das Siebenergremium von Apg 6,1–7; die Presbyter von Apg 11,30 u.ö.; die vielfältigen Dienste und Charismen in den paulinischen Gemeinden, z. B. 1 Kor 12,28–31a, die sich unter der Leitung des Apostels selber wussten). Diese Entwicklung ist in ihren Einzelheiten kaum rekonstruierbar. Greifbar ist, dass in den so genannten Pastoralbriefen *Episkopen* (Aufseher, Bischöfe), *Diakone* (Diener) und *Presbyter* (Älteste) ohne erkennbare Zuordnung nebeneinander genannt werden (vgl. 1 Tim 3,1–13; 5,17).

(5) Wichtig für die Frage nach dem Weihesakrament ist die Weise der Amtsübertragung. Ob sie in jedem Fall in dieser frühen Phase durch einen besonderen Ritus geschah, wissen wir nicht. *Relativ früh jedoch begegnet man in der Apostelgeschichte dem Ritus der Handauflegung, verbunden mit Gebet*. Dafür gibt es einen alttestamentlichen Hintergrund (vgl. Num 8,10; 27,18–20; Dtn 34,9); im Frühjudentum wiesen die Gesetzeslehrer ihre Schüler durch Handauflegung in ihr Amt ein. Apg 6,6 wird von der Einsetzung der „Sieben" berichtet: „Sie ließen sie vor die Apostel hintreten, und diese beteten und legten ihnen die Hände auf" (vgl. auch Apg 13,2f; Apg 14,23). Damit ist noch nicht unbedingt zum Ausdruck gebracht, dass die Handauflegung als sakramentales Zeichen nach heutigem theologischem Verständnis betrachtet wurde. Dem stehen jedoch die Pastoralbriefe näher: „Vernachlässige die Gnade nicht, die in dir ist und die dir verliehen wurde, als dir die Ältesten aufgrund prophetischer Worte gemeinsam die Hände auflegten" (1 Tim 4,14; vgl. 2 Tim 1,6; 1 Tim 5,22). Im Ritus der Handauflegung wird also *eine innere Gnadengabe zeichenhaft verliehen*, die dem übertragenen Amt entspricht: in einer sakramentalen Handlung also!

Ämter und Amtseinweisung nach dem Neuen Testament

Stufen der Amtsgestaltung	**Einweisungsformen**
Die Jünger, besonders die Zwölf, nehmen an Jesu Sendung teil, die anbrechende Gottesherrschaft zu verkünden.	Jesu Nachfolgeruf und Sendung
Die Zeugen der Erscheinungen des Auferstandenen, besonders die Zwölf und Paulus, begründen als Apostel die amtliche Struktur der Kirche.	Die Erscheinungen des Auferstandenen – Gottes bzw. Christi unmittelbare Berufung zum Apostelamt
Es entstehen vielfältige Ämter bzw. Dienste in den Gemeinden, aus denen sich zunehmend die Ämter der Presbyter, Episkopen und Diakone herausheben.	Bestellung durch Apostel bzw. Gemeinden – zunehmend werden Ämter durch Handauflegung übertragen

Zur Geschichte des Weihesakramentes

In der alten Kirche bildet sich bald die *Ämterdreiheit von Bischofsamt, Priesteramt und Diakonenamt* grundlegend heraus, wobei diese Ämter sakramental übertragen werden. Zwei Entwicklungen kennzeichnen in besonderer Weise den Übergang vom Amtsverständnis der Alten Kirche zum Amtsverständnis des Mittelalters: Nicht mehr das Bischofsamt, sondern das *Priestertum* steht im Zentrum; und die Frage nach der *Sakramentalität* der verschieden gezählten Weihestufen tritt in den Vordergrund. Das Zweite Vatikanische Konzil lässt wieder das Bischofsamt ins Zentrum des Interesses treten und versteht alle Weiheämter als eine besondere *Teilhabe am dreifachen Dienstamt Jesu Christi*, seinem Lehramt, seinem Hirtenamt und seinem Priesteramt.[115]

(1) Bei *Ignatius von Antiochien* (gest. um 110) bahnt sich jene Ämterstruktur an, die sich bald, nämlich ab der zweiten Hälfte des zweiten Jahrhunderts, in der Kirche durchsetzen

wird: *Die Dreiheit von Bischof, Presbyter und Diakon tritt in den Vordergrund* und wird zugleich theologisch legitimiert. Als Inbegriff kirchlicher Amtsvollmacht gilt das Bischofsamt.[116] Die drei Ämter werden nach der Kirchenordnung des *Hippolyt von Rom* (vor 170–235) *durch Handauflegung übertragen*, wobei nur der Bischof Weihespender ist.

Ein Text aus der Kirchenordnung Hippolyts illustriert eine Bischofsweihe.
Quelle: tzt D 9/II, Nr. 768ff.

„Als Bischof werde der ordiniert, der vom ganzen Volk ausgewählt wurde. Wenn sein Name ausgerufen und von allen gebilligt worden ist, dann versammelt sich das Volk mit dem Presbyterium und den Bischöfen, die zugegen sind, am Sonntag. Unter Zustimmung aller sollen diese (die Bischöfe) ihm die Hände auflegen … Alle aber sollen Schweigen halten und in ihrem Herzen um die Herabkunft des Heiligen Geistes beten. Einer von den anwesenden Bischöfen soll auf die Bitte aller hin dem, der zum Bischof geweiht wird, die Hand auflegen und so beten: …"

Später fand in Rom ein Weiheritus Eingang, bei dem zu Handauflegung und Gebet die Salbung der Hände und bald auch die Übergabe von Weihegeräten (beim Priester Patene mit Brot und Kelch mit Wein) hinzutritt und sogar vorrangige Bedeutung erlangt. Erst nach dem Konzil von Trient tritt die Handauflegung mit Gebet wieder als entscheidender Weiheritus in den Vordergrund, *so dass man beim Weihesakrament von einer auffälligen Wandlung der sakramentalen Zeichenhandlung sprechen muss.* Seit dem zweiten Jahrhundert schwankt übrigens die *Zahl* der Ämter und Weihestufen, die durch einen sakramentalen Weiheritus übertragen werden. Noch im 16. und 17. Jahrhundert gilt der Subdiakonat als Sakrament, auch die vier niederen Weihestufen (Ostiariat, Lektorat, Exorzistat und Akolythat) können so bezeichnet werden. Die Sakramentalität der Bischofsweihe dagegen ist im Mittelalter lange umstritten. *Als Inbegriff des Weihesakraments gilt die Priesterweihe.*

(2) Die Reihe der lehramtlichen Äußerungen beginnt im Mittelalter wiederum mit dem Armenierdekret des *Konzils von Florenz* (1438–1445).[117] Es werden *Materie* (Übergabe der die Weihestufen charakterisierenden Geräte), *Form* (eine Übertragungsformel von Amtsgewalt), *Spender* (der Bischof als „ordentlicher" Spender) und *Gnadenwirkung* („die Wirkung ist die Mehrung der Gnade, so dass einer ein geeigneter Diener ‚am Altare' sei") festgelegt.

(3) *Martin Luther* (1483–1546) bestreitet ausdrücklich die Sakramentalität der Amtsübertragung. Das Priesteramt, das vor allem als *Predigeramt* zu sehen ist, stellt ein Dienstamt dar, zu dem grundsätzlich jeder befähigt ist, das aber nur mit Zustimmung der Gemeinde ausgeübt werden darf.[118] Anders *Calvin* (1509–1564): *Er lässt den Ritus der Einsetzung in das Presbyteramt als „Merkzeichen der geistlichen Gnade", also in seinem Sinne als Sakrament, gelten.*[119]

Die Lehre des *Konzils von Trient* (1545–1563) richtet sich gegen die reformatorische Bestreitung des Weihesakraments,[120] und hier nun wird das *Priestertum* für lange Zeit zum Inbegriff kirchlicher Weiheämter. Es ist ausgezeichnet durch die „Vollmacht, den wahren Leib und das Blut des Herrn zu verwandeln und darzubringen, Sünden zu vergeben und zu behalten"; es stellt nicht nur „den bloßen Dienst an der Verkündigung des Evangeliums" dar. Im Übrigen *ist die Weihe ein wahres, von Christus eingesetztes Sakrament, das den Heiligen Geist mitteilt und ein unauslöschliches Merkmal einprägt.* Die kirchliche Hierarchie besteht nach göttlicher Anordnung aus Bischöfen, Priestern und Dienern (Diakonen). Die Bischöfe sind den Priestern vorgesetzt und durch Firm- und Weihevollmacht ausgezeichnet. Im Vordergrund stehen hier zwar Fragen der Leitungsvollmacht, aber wohl doch auf dem Hintergrund eines sakramentalen Verständnisses der drei Weihestufen.

(4) Im Jahre 1947 entscheidet *Papst Pius XII.* (1939–1958): Materie der Diakonats-, der Priester- und der Bischofsweihe ist *allein die Handauflegung, ihre Form sind die entsprechenden Worte der zugehörigen Weihepräfation.*[121]

Das *Zweite Vatikanische Konzil* macht wichtige Feststellungen zum Weihesakrament. Andere Akzente als das Tridentinische Konzil setzt die allgemeine Aussage: „Wer sodann unter den Gläubigen die hl. Weihe empfängt, wird im Namen Christi dazu bestellt, die Kirche durch das Wort und die Gnade Gottes zu weiden" (LG 11).[122] Die Kirchenkonstitution befasst sich in ihrem dritten Kapitel mit der hierarchischen Verfassung der Kirche, insbesondere dem Bischofsamt. Im Blick auf die Weihestufen heißt es, *„dass durch die Bischofsweihe die Fülle des Weihesakramentes übertragen wird"* (LG 21). An dieser bischöflichen Fülle haben kraft des Weihesakramentes die Priester Anteil, die „in der Ausübung ihrer Gewalt von den Bischöfen" abhängen (LG 28). „In der Hierarchie eine Stufe tiefer stehen die Diakone, welche die Handauflegung ‚nicht zum Priestertum, sondern zur Dienstleistung empfangen'" (LG 29). Damit ist der *sakramentale Charakter der Bischofsweihe* geklärt, *der Diakonat ist als ständige Einrichtung*, nicht bloße Durchgangsstufe wie zuvor, *wiederhergestellt*. Alle Ämter stellen eine Teilhabe am dreifachen Dienstamt Jesu Christi dar, ihr Dienstcharakter wird unterstrichen. *Auch die Laien haben am dreifachen Amt Christi Anteil*, doch unterscheiden sich das „gemeinsame Priestertum der Gläubigen" und „das Priestertum des Dienstes" „dem Wesen und nicht bloß dem Grade nach" (vgl. LG 10).

Entwicklungen und Aufgaben

Das Zweite Vatikanische Konzil hat einige Leitmotive angeschlagen, die sicher noch weiter auszukomponieren sind, damit das Weihesakrament im Sinne Jesu Christi noch mehr den Gläubigen, allen Menschen und den Amtsinhabern selbst zugute kommt, damit es zugleich für ökumenische Annäherungen offen steht.

(1) Ernst zu nehmen ist vor allem die Einsicht, *dass das neutestamentliche Priestertum keine überbietende Weiterführung alttestamentlich-jüdischen oder heidnischen Priestertums darstellt.* Die im engeren Sinne priesterlich-kultische Aufgabe des Priesters ist nicht das schlechthin leitende Element, wenn es auch als Teilnahme am „Amt" des Hohenpriesters Jesus Christus (vgl. den Hebräerbrief) nicht vernachlässigt werden sollte. Von den *Deutschen Bischöfen* wird in einem Schreiben über das priesterliche Amt bereits 1969 herausgestellt, *„dass die im Vollsinne verstandene Verkündigungsaufgabe des Priesters an die erste Stelle seines Dienstes tritt"*.[123]

(2) Die nach dem Konzil vielfach erörterte Frage nach dem leitenden Element des Amtsverständnisses (Dienst am Wort, Hirtenamt oder „sazerdotales" (priesterliches) Tun *ist damit eher zugunsten eines neuen Gleichgewichtes entschieden.* Die innere Einheit der verschiedenen Elemente des amtlichen Dienstes *kann in der besonderen Sendung durch Christus gesehen werden*: Der Priester, analog der Diakon, in besonderer Weise der Bischof, ist „Stellvertreter" des Sendenden und zugleich – in anderer Weise – auch derer, zu denen er gesandt ist.[124] Das Amt ist also von der Gesamtgestalt der „amtlichen" Sendung Christi her zu bestimmen,[125] wobei von der Zeitsituation her wohl besonders auch der Hirtencharakter des Amtes als Dienst an der Einheit der Gemeinde in der Vielfalt ihrer Charismen herauszustellen ist. *Das Amt muss Dienst an der Vielfalt und der Einheit der Kirche zugleich sein, zugewandt auch den Menschen am Rande oder außerhalb der verfassten Kirche.*

(3) Wenn diese spannungsreich-weitgespannte Aufgabe menschlich fast unlösbar erscheint, so wird der Geweihte gerade in seiner Weihe, dem ihm eingeprägten Weihesiegel, *die Verheißung eines speziellen Beistandes des Dreifaltigen*

Gottes, von dem er gesandt ist, erkennen und sich darauf verlassen dürfen. Da diese Sendung zugleich Anteil an der Sendung der ganzen Kirche ist, wird der Geweihte aber auch auf eine besondere Weise dieser Gemeinschaft der Kirche ein- und zugeordnet: Auch er bezieht seine tragende Würde und sein „geistliches Grundprofil" aus der Kirchengliedschaft, die er mit den anderen Getauften und Gefirmten gemeinsam hat, für die er zugleich amtlich den Herrn der Kirche repräsentiert. Sein geistliches Leben muss also nicht von Einsamkeit und Isolation bestimmt sein, so wie man früher meinte, er müsse in einem bestimmten Sinn „getrennt vom Volk" leben; *er ist in die Freundesgemeinschaft Jesu und seiner Kirche nicht nur gebend, sondern auch empfangend hineingenommen*, er darf und soll dieses hilfreiche Beziehungsgeflecht der Kirche aktiv mitgestalten.

(4) Dass die römisch-katholische Kirche ihre Priester an die zölibatäre Lebensform gebunden hat, dafür gibt es keine dogmatischen Gründe. Sie sollte besonders der Freiheit des Amtsträgers für sein Amt, für die Menschen, dienen. Die Frage, ob der heutige Priestermangel hier eine gewisse Öffnung erforderlich macht, *muss wohl trotz kirchenamtlicher Reserve weiter offen bleiben, zumal es in den mit Rom unierten Ostkirchen den Pflichtzölibat so nicht gibt.* Nur der Bischof ist an ihn gebunden.

Gegen die Weihe von Frauen zu Priestern – nicht zu Diakoninnen – spricht wohl einhellig die Tradition, und erst in jüngster Zeit hat sich das kirchliche Lehr- bzw. Hirtenamt mit hohem Verbindlichkeitsgrad dagegen ausgesprochen. Das ist selbstverständlich ernst zu nehmen. Wer freilich darum weiß, dass auch kirchliche Lehrentscheidungen von hohem Verbindlichkeitsgrad des Öfteren in der Geschichte nicht rezipiert bzw. vom kirchlichen Lehramt selber ignoriert oder völlig neu gedeutet wurden, *der wird auch in dieser Frage noch weitere Entwicklungen unter der Leitung des Geistes Gottes für möglich halten*, vielleicht sich sogar von seinem Glaubenssinn zur Mitwirkung daran gedrängt fühlen.

(5) Was die ökumenische Frage angeht, so steht bis heute mit dem unterschiedlichen Amtsverständnis auch ein unterschiedliches Verständnis der Amtsübertragung zwischen der katholischen Kirche und den Kirchen der Reformation. *Bei diesen spielt der Gedanke einer apostolischen Amtsnachfolge (successio apostolica), die für katholisches wie auch für ostkirchliches Amts- und Kirchenverständnis essentiell ist, keine direkte Rolle.* Dass jedoch die Frage nach der apostolischen Amtsnachfolge zumindest für das Luthertum nicht völlig bedeutungslos ist, das mag ein Blick in die Geschichte und die Gegenwart beweisen: Luther selbst musste eher „notgedrungen auf die bischöfliche Ordination verzichten …, weil kein deutscher Bischof sich auf seine Seite schlug. Er griff auf die damals nicht dogmatisch, sondern nur kanonistisch (d. h. kirchenrechtlich) untersagte Möglichkeit der presbyteralen (also durch einen Priester vermittelte) Sukzession zurück, die übrigens im England des 17. Jahrhunderts mit päpstlicher Erlaubnis durch Äbte noch ausgeübt wurde, obwohl sie durch das Konzil von Trient auch dogmatisch verboten worden war. Anders lief die Entwicklung in Skandinavien, besonders in Schweden, (wo es bischöflich vermittelte apostolische Sukzession gab und gibt). Heute dürften alle lutherischen Bischöfe Deutschlands, ganz sicher in Bayern, in der Sukzession stehen, (die über schwedische Bischöfe vermittelt ist)".[126] Diese Gegebenheiten sind sicher für das ökumenische Gespräch nicht ohne Belang.

Das kirchliche Amt wird freilich in den Kirchen der Reformation in erster Linie als Verkündigungsamt gesehen, bei den Reformierten darüber hinaus als Leitungsamt. Eine Annäherung, *die auch schon in Konsensdokumenten Niederschlag gefunden hat,*[127] ergibt sich von katholischer Seite durch *die neue Betonung des Verkündigungselements im Amt*, von evangelischer Seite durch *ein neues Verständnis für den aus der Gemeinde unableitbaren Sendungscharakter des Amtes*, der zugleich die wirksame – möglicherweise mit dem Ritus der Ordination zu verbindende – Verheißung göttlichen Beistands einschließt. Bezüglich der Weihestufen ist zu bedenken, dass es auch in Kirchen der Reformation neben den ordinierten Pfarrern ein Bischofsamt sowie das Amt des Diakons gibt. Die katholische Wiederherstellung des Diakonates als bleibenden Amtes verbindet mit der Praxis der Ostkirchen.

Schließlich könnte auch die schon in guten Ansätzen verwirklichte und gewiss noch weiter auszubauende *Beteiligung der Laien in der katholischen Kirche* an Aufgaben der Liturgie, der Verkündigung und der Diakonie sowie der Kirchenleitung, überhaupt die Ernstnahme der verschiedenen Charismen in der Kirche und damit der *Abbau eines einseitig hierarchischen Kirchenmodells von Oben und Unten,* neue Gesprächsmöglichkeiten mit den Kirchen der Reformation schaffen.[128]

7. Das Ehesakrament

Anfragen und ihre Hintergründe

Die Unauflöslichkeit, ein besonderes Merkmal der christlichen, speziell der katholischen Eheauffassung, für viele sogar der Inbegriff eines sakramentalen Eheverständnisses, wird heute von vielen Menschen in Frage gestellt. Eine solche Bindung scheint die freie Entfaltungsmöglichkeit von Mann und Frau allzu sehr einzuschränken. Hier ist zunächst zu fragen: *Was hat zu dieser Infragestellung des Sakramentes Ehe geführt*, welche gesellschaftlichen Veränderungen bzw. Bewusstseinswandlungen, aber auch welche kirchlichen Vermittlungsdefizite sind hier möglicherweise im Spiel? Es ist indessen ebenso zu sondieren: Gibt es vielleicht bei heutigen Menschen auch *Erwartungen und Sehnsüchte*, die durch eine geläuterte und neu erschlossene Lehre von der sakramentalen Ehe ihre Antwort finden könnten? Denn wenn man nicht versucht, die überlieferten Lehren des Glaubens zur Antwort auf die Fragen, Probleme und Erwartungen der eigenen Zeit und des eigenen Kulturkreises werden zu lassen oder auch zu einer echten Herausforderung für die Menschen, dann wird man mit seinen theologischen Überlegungen von vornherein ins Leere gehen.

(1) Für die Ehe stellt sich diese Forderung, die christliche Glaubensüberlieferung mit dem konkreten Leben, wie es heute gelebt und erfahren wird, in Verbindung zu bringen, auf zugespitzte Weise: *Die Ehe könnte und sollte der Ort sein, wo der Glaube seine Lebensbedeutung besonders deutlich und erfahrungsnah zu erweisen vermag.* „Es gibt wohl keinen anderen Bereich des menschlichen Lebens, von dem für die meisten heutigen Menschen das persönliche Glück und die Erfüllung ihres Lebens so abhängt wie die Liebe zwischen Mann und Frau, die in Ehe und Familie ihre dauerhafte Gestalt annimmt. Es gibt auch keinen Bereich, in

dem sich Glaube und Leben so unmittelbar berühren wie in der Ehe. Die Ehe gehört ja sowohl der Ordnung der Schöpfung wie der Ordnung der Erlösung an.“[129] Die Ehe „ist von Hause aus das am meisten irdische Sakrament“.[130]

(2) Auf diesem Hintergrund ist es in der Tat für die Theologie besonders wichtig zu wissen, wie Ehe und Familie von Menschen unsrer Zeit und unsres Kulturkreises eingeschätzt und realisiert werden. Hier gibt es unverkennbar *Krisenzeichen*. Auch wenn immer noch eine Mehrheit der Bevölkerung die Ehe als menschlich und rechtlich abgesicherte Form des Zusammenlebens von Mann und Frau bejaht, so scheitert doch ein erheblicher Prozentsatz der geschlossenen Ehen wieder nach kürzerem oder längerem Zusammenleben der Partner. Davon sind rein katholische Ehen nicht ausgenommen.

Zugleich breitet sich das Bewusstsein aus, *dass eine Ehe nicht unbedingt das ganze Leben lang halten muss, sondern solange es eben gut geht*. Eine neue Eheschließung von Geschiedenen steht auch weithin nicht mehr unter gesellschaftlicher Ächtung, sondern gehört zur Normalität menschlichen Zusammenlebens. Dass nicht wenige die eheliche Bindung überhaupt scheuen und andere Formen des Zusammenlebens von Mann und Frau, oder auch von Gleichgeschlechtlichen, zunehmend gesellschaftliche Anerkennung und rechtlichen Schutz genießen, auch diese Entwicklung ist wohl kaum mehr aufzuhalten.

Was das Scheitern von Ehen angeht, so wird man nicht einfach sagen können, das sei früher eben alles besser gewesen. „Wer etwa erfährt, dass die erwartbare Ehedauer in Deutschland allein schon aufgrund der höheren Lebenserwartung und der geringeren Müttersterblichkeit von rund 13 Jahren 1871 auf derzeit rund 50 Jahre angestiegen ist, wird die vergleichsweise sehr hohen Scheidungszahlen heute eben doch nicht nur moralischer Dekadenz zuschreiben können.“[131]

Jedoch muss es wohl bedenklich stimmen, dass viele Ehepaare sich weigern, ihre Ehe zur Familie auszuweiten, oder dass sie sich bewusst für die Ein-Kind-Familie entscheiden. Dahinter mag wohl in nicht wenigen Fällen *eine auch für die Betroffenen selbst gefährliche Ichbezogenheit* stehen, bei der auch die Sexualität möglicherweise *nur* noch der eigenen Lustbefriedigung zugeordnet ist.

(3) Zu diesen Krisenzeichen kommt ein offenkundiger *gesellschaftlicher Funktionsverlust oder Funktionswandel* von Ehe und Familie. Mehr im Einzelnen heißt das: *Das gesellschaftliche Interesse an Ehe und Familie ist weitgehend erloschen,* weil sie beispielsweise ihre Funktion als Produktions-, aber auch Generationenschutzgemeinschaft verloren haben (freilich könnten nicht zuletzt Überalterungsprobleme unserer Gesellschaft dieses Interesse wieder wachsen lassen). Das bedeutet einerseits mehr Freiheit von äußerer Bevormundung, andererseits aber auch, dass Lasten nur noch in relativ geringem Maß abwälzbar sind.

Die Gefahr, dass man sich in der Ehe auseinanderlebt, hat sich drastisch verstärkt. *Vielfach sind beide Ehegatten berufstätig und damit wirtschaftlich autark*, die Möglichkeiten unserer Mediengesellschaft lassen oft auch in der Freizeit nur noch *geringen Raum für persönlichen Austausch der Ehegatten.* Andererseits erhalten aber auch nach der Erkenntnis von Soziologen Ehe und Familie *eine neue gesellschaftliche Bedeutung*, nämlich die Bedeutung „des privaten Raumes personaler Begegnung und Gemeinschaft als Gegenpol gegen anonyme Arbeitsorganisation und den Perfektionismus moderner Gesellschaftsstrukturen“.[132] Man nimmt neu wahr: Die Familie, die die eheliche Verbindung von Mann und Frau zum unaufgebbaren Zentrum hat, „ist auch in Zukunft unentbehrlich zur Entwicklung der soziokulturellen Persönlichkeit des Menschen“[133].

(4) Mit den gesellschaftlichen Veränderungen geht eine Reihe von Bewusstseinswandlungen einher, die auch für ein christliches Eheverständnis positive oder negative Auswirkungen haben – meist muss man sie wohl als ambivalent einschätzen. Anzuführen ist:

a) *Die Entwicklung des modernen Personbewusstseins.* Personsein wird als Selbstständigkeit, als Autonomie, erfahren. Damit sind Ansprüche, z. B. auf Glück, Erfüllung und auf Selbstverwirklichung verbunden. Zugleich weiß die moderne Anthropologie, dass zum Personsein die Beziehung zum anderen, zum Du, gehört, aber auch die Einbettung in die Gesellschaft, wobei freilich viele heutige Menschen in selbstgewählter oder schicksalserzwungener Isolation leben.

b) *Die Entwicklung des Bewusstseins von der Bedingtheit und Prozesshaftigkeit des Individuums.* Als Mensch *ist* man nicht einfach fertig; Mensch *wird* man immer neu. Dieser Prozess ist durch viele Faktoren, z. B. biologische und soziale, mitbestimmt. Aus diesem Bewusstsein folgt bei vielen Menschen die schon genannte *Scheu vor endgültigen Bindungen.* Es könnte daraus aber auch die Einsicht folgen, *dass man in der Ehe gemeinsam unterwegs bleiben muss.*

c) *Die Entwicklung des Bewusstseins von der Gleichberechtigung und Ergänzungsbedürftigkeit der Geschlechter.* Die Frau ist nicht, wie man in früheren Zeiten aufgrund falscher biologischer Vorstellungen meinte, ein defizienter, ein unvollkommen geglückter Mann. Mann und Frau sind aufeinander angewiesen, um ihr Menschsein verwirklichen zu können. Eheprobleme können also nicht mehr, wie früher häufig, durch „Unterwerfung" der Frau – manchmal auch des Mannes – gelöst werden. Eine neue Partnerschaft ist gefordert.

d) *Die Neueinschätzung der Sexualität als Verwirklichung menschlicher Kommunikation,* freilich auch ihre exzessive Überbewertung und Depersonalisation im heutigen Bewusstsein. Dabei lässt sich eine „zunehmende Dissoziierung von Sexualität, Ehe und Familie im Erleben wie in der Distanz literarischer Reflexion"[134] feststellen. Früher waren Theologie und kirchliche Lehre von einer weitgehenden Zusammengehörigkeit dieser drei Bereiche ausgegangen.

e) *Die Entdeckung und Anerkennung humaner Werte außerhalb der Kirche.* Menschliches Miteinander, Hingabe an den anderen und die anderen, überzeugende Menschlichkeit gibt es offenbar auch bei Nichtchristen. Was also können Glaube und Kirche dann noch bringen? Was bedeutet die Sakramentalität der Ehe?

f) *Die Erkenntnis, „dass auch die Ehe eine ‚geschichtliche' Größe ist,* dass auch die konkrete Weise der Gemeinschaft zwischen Mann und Frau erheblichen Wandlungen unterworfen war und ist und dass die uns geläufige Form der Einehe keineswegs immer selbstverständlich war"[135]. Das wirft für viele die Frage auf: Ist mit dem christlichen Eheverständnis nicht eine doch sehr bedingte Verwirklichungsweise der Ehe absolut gesetzt worden? *Welche Wandlungen sind hier möglich, wünschenswert oder sogar geboten*?

(5) Es hat sich bereits gezeigt: Aus all den angeführten Wandlungen der gesellschaftlichen Wirklichkeit und des Bewusstseins im Blick auf das (eheliche) Miteinander von Mann und Frau folgen Anfragen an das christliche Eheverständnis und speziell an die Lehre vom Ehesakrament. Inwieweit kann diese Lehre – neu und doch ihrem Ursprung verpflichtet gedeutet – zur Antwort auf Fragen und Lebenssehnsüchte heutiger Menschen werden, wie kann sie – möglicherweise auch durch kritische Einsprüche – ihnen zu einem geglückten Miteinander verhelfen? – Sollte nicht –, das werden doch vielleicht manche fragen –, in der Lehre vom Ehesakrament über den Imperativ „Ihr müsst zusammen bleiben, koste es, was es wolle" hinaus die tröstliche Verheißung stecken: *„Ihr könnt und dürft zusammen bleiben, wenn und da ihr es wollt"*, eure Ehe braucht sich nicht naturnotwendig abzunützen, sie braucht nicht der Gewohnheit und Banalität zu verfallen; ihr braucht euch nicht in eurer Zweisamkeit abzukapseln, braucht nicht alles voneinander zu erwarten, ihr werdet vielmehr gerade durch das Ehesakrament für ein *Netzwerk freundschaftlichen Austauschs mit anderen* bestimmt? Und sollte nicht in der Lehre vom Ehesakrament doch auch eine tröstliche Botschaft für die stecken, deren Ehe unheilbar gescheitert ist und die ihr

Herz in eine neue Verbindung geführt hat? Das wäre nun zu untersuchen.

Die biblischen Ursprünge des Ehesakraments

Die Ehe, in der sich welthafte und gnadenhafte Wirklichkeit wie sonst nirgends durchdringen, und wurzelhaft das Ehesakrament, finden schon im Alten Testament Rückhalt und Deutung. Im Neuen Testament wird der sakramentale Charakter der Ehe dann noch deutlicher grundgelegt.

(1) Im Alten Testament kommt es zu einer *Entwicklung in Richtung auf die Einehe und auf ein dauerndes personales Verhältnis von Mann und Frau*, wobei beides als im Willen Gottes verwurzelt gesehen wird (vgl. Gen 2,18; 2,23; 2,24). Bereits im älteren (jahwistischen) Schöpfungsbericht von Gen 2,4b-25 erscheint so die Einehe als bleibende, personale Verbindung unter ein besonderes Interesse Gottes gestellt. Im jüngeren (priesterschriftlichen) Schöpfungsbericht (Gen 1,1–2,4a) sind Mann und Frau zusammen Abbild Gottes, seine Platzhalter auf Erden, denen gemeinsam seine Schöpfung in Obhut gegeben ist.

Zugleich *gelten im Alten Testament Mann und Frau in ihrer ehelichen Verbindung als Bild und Zeichen des Bundes Gottes mit seinem Volk* (z. B. Hos 1; 3; Jer 2; 3; 31; Ez 16; 23). Bei aller Hochschätzung werden freilich Ehe und eheliche Fruchtbarkeit niemals gleichsam vergöttlicht, wie dies in anderen Religionen geschieht. Sie bleiben geschöpfliche Wirklichkeit.

(2) Die drei ersten Evangelien *bezeugen das Interesse Jesu für die unauflösliche eheliche Verbindung von Mann und Frau.*[136] Direkt auf Jesus geht ein Wort zurück, das in unterschiedlicher Form, aber mit wesentlich gleichem Inhalt in größerem Textzusammenhang (Mk 10,11) oder eher als Einzellogion = Ausspruch (Lk 16,18; Mt 5,32) überliefert ist. Dem Ursprungssinn kommt man wohl in Lk 16,18 am näch-

sten:[137] „Wer seine Frau aus der Ehe entlässt und eine andere heiratet, begeht Ehebruch; auch wer eine Frau heiratet, die von ihrem Mann aus der Ehe entlassen worden ist, begeht Ehebruch." Die alttestamentlich relativ leicht mögliche „Entlassung" der Frau aus der Ehe durch den Mann *wird hier in erster Linie zugunsten der ja dann völlig ungesicherten Frau aufgehoben.*

Die in die Jesusworte Mt 5,32 (vgl. Mt 19,9) wohl sekundär eingefügte so genannte *Unzuchtsklausel* zeigt, wie man sich in der matthäischen Gemeinde bemühte, das „Zielgebot" Jesu („So sollte es eigentlich sein!") nicht zu einer einklagbaren Forderung zu verrechtlichen: „Ich aber sage euch: Wer seine Frau entlässt, *obwohl kein Fall von Unzucht vorliegt*, liefert sie dem Ehebruch aus …" Man gestattete also nach der Meinung vieler Exegeten in den Gemeinden des Matthäusevangeliums bei Unzucht – wohl andauerndem ehebrecherischen Verhalten eines Ehegatten – dem Unschuldigen die Wiederverheiratung, *eine „Konzession", die sich nur in der Tradition der Ostkirchen gehalten hat.* In möglichster Treue zu Jesu Weisung versuchte man so, den konkreten Verhältnissen menschlicher Schicksale und Entscheidungen gerecht zu werden, aus denen heraus Ehen scheitern können.

Markus (Mk 10,2–12; vgl. Mt 19,3–9) fügt die wohl ursprünglichen Jesusworte in ein Streitgespräch ein, in dem die Ehe auf Gottes Schöpferwillen zurückgeführt wird, der jetzt – im Kommen der Gottesherrschaft – wieder verwirklicht werden soll und kann (vgl. Mt 19,11). Danach verbietet Jesus nicht nur die Ehescheidung, *sondern stellt die Ehe neu unter Gottes Heilswillen.* In diesem Sinne lässt sich das weitergefasste Herrenwort von Mt 18,19f sicher auch auf die christliche Ehe anwenden[138]: „Weiter sage ich euch: Alles, was zwei von euch auf Erden gemeinsam erbitten, werden sie von meinem himmlischen Vater erhalten. Denn wo zwei oder drei in meinem Namen versammelt sind, da bin ich mitten unter ihnen." Sollte diese Verheißung nicht gerade für die christliche Ehe gelten?

(3) Trotz mancher eher abwertender Bemerkungen (vgl. 1 Kor 7), die sich aus Zeitgeist und Naherwartung (der Wiederkunft Christi) erklären, weiß auch Paulus überzeugend von der heiligenden Kraft christlicher Ehe zu sprechen, so nicht zuletzt 1 Thess 4,3–8 (vgl. 1 Kor 7,14), *wo das Thema Heiligung mit dem personalen, die Würde des anderen anerkennenden Verhältnis von Mann und Frau verknüpft ist*: „Das ist es, was Gott will: eure Heiligung. Das bedeutet, dass ihr die Unzucht meidet, dass jeder von euch lernt, mit seiner Frau in heiliger und achtungsvoller Weise zu verkehren ... Wer das verwirft, der verwirft ... nicht Menschen, sondern Gott, der euch seinen Heiligen Geist schenkt." In einem solchen Text kann man die Sakramentalität christlicher Ehe zumindest grundgelegt sehen: *Gott schenkt ihr seinen Heiligen Geist, sie ist Ehe „im Herrn"* (vgl. 1 Kor 7,39).

Nach Paulus ist nur die Ehe unter Christen absolut unauflöslich (vgl. 1 Kor 7,10f). Er gestattet dem christlich gewordenen Ehegatten wieder zu heiraten, wenn sein heidnisch gebliebener Partner sich von ihm trennen wollte (1 Kor 7,15f.); dieses so genannte *„Paulinische Privileg"* ist in der katholischen Tradition noch weiter ausgebaut worden.

(4) Am deutlichsten wird ein sakramentales Grundverständnis der christlichen Ehe im Epheserbrief (5,22–33) zum Ausdruck gebracht. In dieser Eheparänese (einem mahnenden Zuspruch) *wird das Verhältnis der Ehegatten zueinander mit dem Verhältnis von Christus und Kirche in Beziehung gesetzt*. „Es geht dabei nicht nur um die Nachahmung des Verhältnisses von Christus und Kirche, sondern auch um Hineinnahme in die Lebens- und Liebesgemeinschaft, die zwischen Christus und Kirche besteht."[139] Eine besondere Bedeutung wurde im Blick auf die Ehe innerhalb dieses Textes immer Vers 32 beigemessen. Nachdem Gen 2,24 zitiert ist (V. 31), heißt es: „Dies ist ein tiefes Geheimnis (*mysterium, sacramentum*); ich beziehe es auf Christus und die Kirche." Dazu sagt *Rudolf Schnackenburg*: „Das ‚große Mysterium' von V. 32 bezieht sich nicht auf die christliche

Ehe, sondern auf das Verhältnis Christus-Kirche, auf das der Verfasser das Schriftzitat von V. 31 deutet. Doch partizipiert die christliche Ehe an diesem Mysterium und wird damit indirekt als eine über das Naturhafte erhobene Gemeinschaft erkennbar. Sie wird darum in der späteren kirchlichen Auslegung mit Recht als ‚Sakrament' verstanden."[140]

Zur geschichtlichen Entwicklung der Lehre vom Ehesakrament

Während in der frühen Väterzeit vor allem biblische Gedanken über die Ehe aufgenommen und weiterentwickelt werden, leistet *Augustinus* (354–430) einen eigenständigen und für die westliche Kirche folgenreichen Beitrag zur Theologie der Ehe und des Ehesakraments. Eine *systematische Theologie des Ehesakramentes* bildet sich freilich erst im Mittelalter heraus. Sie findet Eingang in lehramtliche Dokumente. Gegenüber Lehre und Praxis der reformatorischen Kirchen, die die Ehe als eine weltlich-natürliche Größe sehen, reklamiert das *Konzil von Trient* in seiner 24. Sitzung 1563 die Ehe als *Wirklichkeit der übernatürlichen Ordnung* und behauptet und konkretisiert die Zuständigkeit der Kirche in der Verwaltung des Sakramentes. Das Zweite Vatikanische Konzil wählt für seine Ehelehre – vorauslaufende Ansätze aufgreifend – *das Leitmotiv des Bundes*, wodurch die verrechtlichte Sicht der Ehe als Vertrag, der zur Würde eines Sakramentes erhoben ist, überwunden wird.

(1) Bemerkenswerte Gedanken zur Ehe in der frühen Kirche stammen u.a. von *Tertullian* (um 160 – nach 220) und von *Origenes* (um 185 – um 254). Ersterer entwirft im zweiten Buch seiner Schrift an die eigene Gattin *das Idealbild einer gläubig gelebten Ehe*: Kirchlich geschlossen, steht sie unter dem besonderen Segen Gottes; sie verwirklicht sich vor allem auch in der Gemeinsamkeit des Gottesdienstes und religiös-karitativer Betätigung.[141] Die Verheißung von

Mt 18,19f wird ausdrücklich auf die christliche Ehe bezogen: „Wo zwei sind, dort ist auch er selbst: Und wo er selbst ist, dort ist auch der Böse nicht.“

Origenes sieht in der ehelichen Verbindung von Mann und Frau, die dem Worte Gottes entspricht, eine Gnadengabe, die den Ehegatten geschenkt und zur Verwirklichung aufgegeben ist: „Gott aber ist es, der die beiden in Eins zusammengefügt hat, dass nicht mehr zwei sind, wo doch ‚von Gott dem Manne die Gattin beigefügt wird‘ (vgl. Spr 19,14). Da nun die eheliche Verbindung von Gott stammt, ist eine Gnadengabe (*charisma, gratia*) in den von Gott Verbundenen.“[142]

Augustinus, dem ehefeindliche oder doch eheabwertende Tendenzen und eine Mindereinschätzung der Frau nicht fremd waren, versucht gleichwohl, die Ehe als einen Segen zu erweisen. *Seine Lehre vom dreifachen Ehegut*[143] *hatte großen Einfluss auf die Ehetheologie der westlichen Kirche.* Die drei Ehegüter sind: das Gut der Nachkommenschaft, das Gut von Treu und Glauben (*fides*) und das Gut des Sakramentes. *Letzteres wird mit der Unauflöslichkeit der Ehe gleichgesetzt, die ihrerseits in einem den Ehegatten verliehenen bzw. eingestifteten Eheband begründet ist.*[144]

(2) Bald nach der Entstehung einer eigentlichen Ehetheologie im Mittelalter betont vor allem *Thomas von Aquin die wechselseitige Durchdringung von Schöpfungs- und Erlösungsordnung im Ehesakrament*: Gerade in der liebenden Verbindung der Eheleute (auch die Abwertung des Sexuellen ist weitgehend zurückgenommen) wird das gnadenwirksame Zeichen einer Teilhabe an der Verbindung Christi mit seiner Kirche gesehen. Das Armenierdekret des *Konzils von Florenz* spricht im Anschluss an Thomas die sakramentale Zeichenhaftigkeit der Ehe erstmals lehramtlich aus. Auch die auf Augustinus zurückgehende Ehegüterlehre wird aufgenommen.[145]

Diese Gesichtspunkte werden freilich zunehmend überlagert von kirchenrechtlichen Überlegungen. Man sieht das

Wesen der Ehe und des Ehesakramentes allzu einseitig in einem Konsensaustausch, dem Ehevertrag, verwirklicht. Inhalt dieses Vertrages ist das Recht auf Zeugungsgemeinschaft. *Ehe und Ehesakrament als personale Lebensgemeinschaft kommen bis zur Neuzeit hin zu kurz*. Positiv zu werten ist sicher – trotz heute unterschiedlicher Meinungen unter Theologen –, dass nach im Westen vorherrschender Tradition und Lehrmeinung *sich die Brautleute das Sakrament gegenseitig spenden* (nach ostkirchlicher Tradition spendet es der Priester in der Herabrufung des Heiligen Geistes).

Die Unauflöslichkeit der in der Geschlechtsgemeinschaft vollzogenen Ehe ist in der katholischen Kirche eine fast ausnahmslose theologische Überzeugung, wenn auch in der Praxis, vor allem der germanischen Länder, nicht selten Ausnahmen gemacht wurden.

Schon zu Anfang des 13. Jahrhunderts wurde auch lehramtlich eine Art Grundoption zugunsten der Ehe getroffen: *Papst Innozenz III.* (1198–1216) betont im Glaubensbekenntnis gegen die Waldenser, dass die Ehe nicht vom Bösen sei. Gegenüber dualistischen, die Welt auf ein gutes und ein böses Prinzip zurückführenden Irrlehren, wonach die Ehe dem bösen materiellen Weltprinzip entstamme, *wird in diesem Glaubensbekenntnis die christliche Werthaftigkeit der Ehe betont*: Sie ist zumindest kein Heilshindernis.[146]

(3) Da *Luther* (1483–1546) bei der Ehe die Merkmale eines Sakraments, nämlich den Zeichen- und Verheißungscharakter wie auch die Einsetzung durch Christus vermisst, *lehnt er es ab, sie als Sakrament zu bezeichnen. Als Schöpfungswirklichkeit mag sie zwar heilig sein, die Kirche hat aber im Blick auf die Ehe keine besondere Vollmacht.*[147]

Gegenüber Lehre und Praxis der reformatorischen Kirchen reklamiert das *Konzil von Trient* in seiner 24. Sitzung 1563 die Ehe als Wirklichkeit der übernatürlichen Ordnung. Es behauptet und konkretisiert zugleich die Zuständigkeit der Kirche in der Verwaltung des Sakramentes. Kanon 7 über die Unauflöslichkeit der Ehe auch bei Ehebruch ist mit Rücksicht auf die Tradition der Ostkirchen zurückhaltend formuliert.[148] Im Übrigen bestätigt das Konzil die grundsätzliche Unauflöslichkeit der Ehe (außer bei der nichtvollzogenen Ehe) und die Vollmacht der Kirche, Ehehindernisse aufzustellen bzw. zu deklarieren. Zwar nicht in den Lehrsätzen, *aber im Lehrtext ist auch positiv von der Gnade des Sakramentes die Rede*: „Die Gnade aber, die jene natürliche Liebe vollenden, die unlösliche Einheit festigen, die Ehegatten heiligen soll, hat uns Christus, der Stifter und Vollender der ehrwürdigen Sakramente, durch sein Leiden verdient."[149]

(4) Im Vordergrund steht allerdings auch für die folgenden Jahrhunderte ein eher rechtliches Verständnis des Ehesakramentes. *Es wird in erster Linie als Vertrag gesehen*, eine Lehre, die *Papst Leo XIII.* (1878–1903) in einem Rundschreiben über die christliche Ehe noch einmal unterstrichen hat.[150] In dieselbe Richtung deutet *die Lehre von den Ehezwecken,* die in das kirchliche Gesetzbuch von 1917 aufgenommen wurde, wobei als erster und vorrangiger (*primärer*) Ehezweck „die Erzeugung und Erziehung von Nachkommenschaft" genannt wird. Wechselseitige Hilfe der Ehegatten und die Stillung der geschlechtlichen Begierde sind ihm als *sekundäre Ehezwecke* nachgeordnet. Eine wahrhaftig nicht sehr personale Schau der Ehe und des Ehesakramentes!

(5) Ein personales und zugleich gemeinschaftsbezogenes Eheverständnis setzt sich nach theologischen und lehramtlichen Vorstufen (zu nennen ist hier vor allem die Enzyklika *Papst Pius XI.* (1922–1939) „Casti Conubii" von 1930) erst wieder bzw. ganz neu im *Zweiten Vatikanischen Konzil* durch. Zunächst ordnet die Kirchenkonstitution das Ehesakrament in den Kosmos der Sakramente ein, sieht es als Einbezug in die Liebe zwischen Christus und Kirche, stellt *gleichwertig* neben das Gut der Nachkommenschaft *die wechselseitige Förderung und Heiligung der Eheleute, die*

„eheliche Freundschaft"(GS 49), und nennt die auf der Ehe gründende Familie eine „Art Hauskirche" (LG 11).[151]

Ausführlich beschäftigt sich die Pastoralkonstitution mit Ehe und Ehesakrament (GS 48–52).[152] Leitender Gesichtspunkt ist *die Betrachtung der Ehe als Bund*, und nicht mehr in erster Linie als Vertrag.

> „Die innige Gemeinschaft des Lebens und der Liebe in der Ehe, vom Schöpfer begründet und mit eigenen Gesetzen geschützt, wird durch den Ehebund, d. h. durch ein unwiderrufliches personales Einverständnis, gestiftet. So entsteht durch den personal freien Akt, in dem sich die Eheleute gegenseitig schenken und annehmen, eine nach göttlicher Ordnung feste Institution, und zwar auch gegenüber der Gesellschaft" (GS 48).[153]

Leitmotive eines erneuerten Eheverständnisses nach der Pastoralkonstitution

„Entdinglichung" des Eheverständnisses:	Personalere Schau der sakramentalen Ehe
Dynamisierung des Eheverständnisses:	Betrachtung der Ehe als gemeinsamer Weg mit Christus
„Enthierarchisierung" der Ehezwecke:	Bekenntnis zur Mehrdimensionalität der Ehezwecke bzw. des Ehesinns
Entrechtlichung des Eheverständnisses:	Betrachtung der Ehe als Bund, nicht nur als Vertrag, der Unauflöslichkeit als Geschenk, nicht nur als Forderung
Vergeschichtlichung des Eheverständnisses:	Die geschichtsüberhobenen Werte der Ehe verwirklichen sich in der Geschichte auf unterschiedliche Weise.

(6) Wesentliche Impulse des Konzils wurden auch lehramtlich wie theologisch aufgegriffen und weiterentwickelt. So stellt die *Gemeinsame Synode der Bistümer in der Bundesrepublik Deutschland* (1971–1975) den *partnerschaftlichen Charakter der Ehe* besonders heraus.[154] Das Apostolische Schreiben „Familiaris Consortio" *Johannes Pauls II.* von 1981 führt Gedanken des Konzils weiter und *versucht seine Lehre in die pastorale Situation der Gegenwart hinein zu*

vermitteln.[155] Dabei werden auch Fragen der Pastoral an den „Wiederverheirateten Geschiedenen" eigens aufgegriffen. Es gilt, ihnen *„in fürsorgender Liebe beizustehen, damit sie sich nicht als von der Kirche getrennt betrachten"* (FC 84). Wiederverheiratete Geschiedene sind also ohne Zweifel Glieder der heiligen Kirche, eine Aussage, die letztlich nur Sinn macht, wenn sie auch an ihrem inneren Leben teilhaben dürfen.

(7) In einer gewissen Spannung zu dieser positiven Aussage wird die „auf die Heilige Schrift gestützte Praxis" bekräftigt, „wiederverheiratete Geschiedene nicht zum eucharistischen Mahl zuzulassen".[156] Man wird hier fragen dürfen, ob es nicht gerade Jesus war, der in der Samariterin am Jakobsbrunnen eine Frau, deren Eheverhältnisse wahrhaftig nicht in bester Ordnung waren, *in seine engste Gesprächsgemeinschaft zog*, enge Kommunikation, also Kommunion, Gemeinschaft, mit ihr pflegte (vgl. Joh 4,1–26) und der überhaupt mit Zöllnern und Sündern Mahl hielt? Sind die, die über diese Menschen urteilen, sie generell als „öffentliche Sünder" abstempeln – was der Papst gewiss nicht tut –, etwa besser („Wer von euch ohne Sünde ist, werfe den ersten Stein auf sie", Joh 8,7)? Müssen wir nicht alle unsere Unwürdigkeit vor dem Kommunionempfang bekennen? Darf man seiner eigenen Erfahrung misstrauen, dass bei wiederverheirateten Geschiedenen manchmal mehr Gegenwart des Heiligen Geistes zu spüren ist als in einer leerlaufenden Ehe? Kann eine solche leerlaufende Ehe – das gibt es doch wohl – mehr Zeichen und Abbild des belebenden Treueverhältnisses Christi zu seiner Kirche sein als die lebendige und auch andere belebende Liebe wiederverheirateter Geschiedener, die ihre erste Ehe nicht aus Leichtfertigkeit unwiederbringlich scheitern sahen? *Über diese Fragen wird die Kirche noch weiter nachdenken müssen*, und sie hat auch schon in nicht wenigen Bischöfen und im ganzen Gottesvolk darüber nachgedacht: mit weiterführenden Antworten und einer weiterführenden Praxis.

Weitere Fragen und Aufgaben der Ehetheologie und Ehepastoral

(1) Heutige Ehetheologie und -verkündigung wird allem voran die Verbindung zu den Erfahrungen konkret gelebter Ehe suchen müssen. *Sie hat zu zeigen, inwiefern das Sakrament für den Alltag der Ehe von Bedeutung ist, wie die Ehepartner unter Gottes Gnade in der Hingabe aneinander sich selber und Gott finden können und wie sie dabei zugleich Platz und Aufgabe in der Gemeinde der Christen, der Gemeinschaft der Menschen finden.* Dabei muss der *Prozess- oder Wegcharakter der Ehe* herausgearbeitet werden mit seinen Höhen und Tiefen, die menschlich verantwortlich und aus der Kraft des Geistes Gottes, der dafür den Eheleuten zugesagt ist, zu meistern sind. Von daher legt sich der theologisch begründete Gedanke nahe, nicht nur den Eheabschluss, sondern auch den Weg der Ehe als Sakrament zu bezeichnen: Gott ist in Christus und seinem Heiligen Geist mit den Eheleuten auf dem Weg, er ist als Jahwe, der Gott des Weges, für sie da, wenn sie sich für ihn öffnen. Darauf darf sich das Vertrauen der Eheleute gründen, *dass unausbleibliche Abnützungserscheinungen einer Ehe immer wieder durch die Gnade des Wieder-, ja Neubeginns zu überwinden sind.* Der Heilige Geist ist nicht zuletzt Geist der Erneuerung gemäß dem Alleluja-Vers des Pfingstfestes: „Sende aus Deinen Geist, und Welten erstehen. Das Antlitz der Erde wirst Du erneuern" (Ps 103,30). So kann und wird der Geist immer wieder „das Antlitz der Ehe" erneuern.

Wichtig ist es auch, neu zu verdeutlichen, dass Ehe ihrem Wesen nach einen gemeinschaftsbezogenen Charakter hat, dass sie sich nicht in Zweisamkeit bzw. die engere Familiengemeinschaft hinein verschließen darf, *sondern sich für andere, für Bedürftige und den belebenden Austausch im Freundeskreis öffnen muss*: „Sie sei – dann bringt sie viel, ist nicht vergebens –/ ein Knotenpunkt im Freundschaftsnetzwerk wahren Lebens!"[157] Auch durch diese Erkenntnis könnten manche Ängste vor einer endgültigen ehelichen Bindung abgebaut werden: *Sie ist keine Engführung, nicht so sehr Last als vielmehr Lebens- und Lebendigkeitschance*, was gerade auch für die Unauflöslichkeit der Ehe gilt, die ja sicher der Sehnsucht vieler Eheleute entspricht.

Dass eine Ehe sich in diesem Sinne auch für die eigenen Kinder als *Kinder-Segen* zu öffnen hat, bedarf keiner weiteren Begründung.

(2) Dass der Weg einer Ehe aus schuldhaftem Verhalten und aus nicht zu verantwortenden Gründen scheitern kann, dafür spricht die alltägliche Erfahrung.[158] Dass ein verlassener Ehegatte eine gute Entscheidung fällt, wenn er, ohne zu resignieren, das Leid des Alleinseins trägt, ohne eine neue eheliche Verbindung einzugehen, ist unbestreitbar. *Christliche Gemeinden müssten solche Menschen in besonderer Weise zu integrieren suchen, ihnen ihre Freundschaft schenken.*

Aber man wird auch die, die sich für eine neue eheliche Bindung entscheiden, keineswegs verurteilen dürfen, besonders wenn sie schuldlos (oder besser: „schuldarm“) geschieden sind. Eine Ehescheidung kennt die katholische Kirche außer bei der nicht geschlechtlich vollzogenen Ehe im Gegensatz zu den Ostkirchen und den Kirchen der Reformation nicht, *wohl aber die in manchen Fällen mögliche Erklärung der Ungültigkeit einer Ehe von Anfang an* (z.B. weil eines der Ehegüter nicht bejaht wurde).- Wenn auch unter Theologen diskutiert wird, ob nicht unter bestimmten Bedingungen – falls nämlich eine Ehe unwiederbringlich gescheitert ist – eine Wiederheirat auch in der katholischen Kirche möglich sein sollte (vgl. die auf dem Matthäusevangelium beruhende ostkirchliche Tradition),[159] so nützt dies doch *jetzt* wiederverheirateten Geschiedenen wenig. *Für sie wird mancherorts eine kirchliche Segensfeier praktiziert, die als solche keinen sakramentalen Charakter hat.* Zu bedenken ist jedoch, „ob es nicht so etwas wie ein heilswirksames Verlangen … nach dem Ehesakrament geben könnte: ob nicht Gott denen, die seine Gnade und seinen Beistand für ihre besondere Situation und Aufgabe suchen, diese in einer dem Sakramentenempfang ähnlichen Weise schenkt, auch wenn die Rechtsordnung den realen Empfang des Sakramentes nicht zulässt".[160] *Wer sich in diesem Sinne auf die Gnade Gottes verlässt, dürfte gewiss nicht enttäuscht werden*!

Wichtige Züge der sakramentalen Ehe, ins Bild gesetzt. – © Evita Gründler: Illustration zu Apg 4,32, Acryl auf Holz, 1996. Die zeitgenössische Darstellung, die unmittelbar als Illustration zu Apg 4,32 („Die Gemeinde der Gläubigen war ein Herz und eine Seele") gedacht ist, kann zugleich wichtige Züge der (sakramentalen) Ehe zeichenhaft sichtbar machen: Zugewandtheit in unverbrüchlicher Liebe, herzliche Gemeinschaft ohne „Gesichtsverlust", Einheit, die nicht Gleichmacherei oder Verschmelzung bedeutet, sondern den Partnern die eigene Stimme lässt, ja erst richtig schenkt, Austausch, der lebenschaffende Spannung einschließt.

(3) In den Kirchen der Reformation wird die Eheschließung nicht zu den Sakramenten gezählt, sie gilt aber, wie schon für die lutherische Kirche erwähnt, als *Segenshandlung*, was ja durchaus auch mit *Gottes wirksamer Heilszusage in einer Zeichenhandlung* zu tun hat. Solche sachlichen Berührungspunkte ermöglichen und fordern weiteren Dialog.

Ost- und Westkirche ist die sakramentale Sicht der Ehe gemeinsam. Nach ostkirchlichem Verständnis spenden sich die Brautleute allerdings nicht gegenseitig das Sakrament, wie es im Westen im Allgemeinen vertreten wird. *Vielmehr lässt der Priester die Ehe in der Herabrufung des Heiligen Geistes (Epiklese) von Gott her entstehen.* Diese Auffassung findet auch bei römisch-katholischen Theologen Beachtung.[161] Man sollte freilich den Gedanken der wechselseitigen Spendung durch die Brautleute bei der Eigenart gerade dieses Sakramentes nicht aufgeben – er hat gute Gründe und einen tiefen inneren Sinn –, es könnte trotzdem in Annäherung an das Verständnis der Ostkirchen die Funktion des assistierenden Priesters aufgewertet werden: Jetzt gilt er nach rechtlich geprägtem Verständnis in erster Linie als „qualifizierter Zeuge“. *Als Liturgen könnte ihm durchaus die Aufgabe einer vollmächtigen Herabrufung des Heiligen Geistes zugeschrieben werden, ohne dass damit die wechselseitige Spendung des Ehesakramentes durch die Eheleute in Frage gestellt würde.*

Epilog: Die Sakramente als Vereindeutigung des Zeichencharakters der Welt

(1) Bei jedem der sieben Einzelsakramente konnte sich aufs Neue zeigen: Sakramente sind realisierende Zeichen, Realsymbole; *an diesen ihren Zeichencharakter ist ihre Wirksamkeit gebunden.*

(2) Damit sind die Sakramente in gewissem Sinne nur qualifizierte Sonderfälle der gesamten Wirklichkeit. *Alle Dinge dieser Welt, aber auch alle Ereignisse des menschlichen Lebens können über sich hinaus und auf anderes, auf nicht unmittelbar Anschaubar-Sinnfälliges verweisen und dies so wirksam, ja gegenwärtig werden lassen.*

Ob sie es tun, *das hängt sicher auch von der Deutung ab, die Menschen ihnen geben.* Ob beispielsweise ein Stern, eine Brücke, die Elemente, die menschliche Nahrungsaufnahme, ein Blick, eine Umarmung, ein Lächeln, ein Händedruck tiefere Wirklichkeit zum Ausdruck bringen und diese bewirken, das hängt sicher von den unmittelbar Beteiligten ab und zugleich von dem Sinn, den die Kultur bzw. eine Kultur schon zuvor einem Geschehen, einer Wirklichkeit gegeben hat.

Ob sie es tun, eine tiefere Wirklichkeit bezeichnen und bewirken, *das hängt aber wohl auch an den Dingen und Geschehnissen selber,* ob sie nämlich für eine bestimmte Sinngebung geeignet sind, schon „von Natur aus" eine entsprechende Sprache sprechen, eine Offenheit für solche Sinngebungen mitbringen. So hat sicher die gemeinsame Nahrungsaufnahme eine besondere Offenheit für ihre Gestaltung und Deutung als Mahl, das enge Gemeinschaft, freundschaftliche Verbundenheit, lebendig geglückte Kommunikation zugleich ausdrückt und bewirkt.

(3) Wer die Dinge und Geschehnisse dieser Welt und

Geschichte auf ihren Zeichensinn hin befragt, *wird allerdings feststellen, dass ihre Zeichenhaftigkeit oft, ja, vielleicht immer einen ambivalenten, einen doppelgesichtigen Charakter hat:* Dieselben Dinge und Geschehnisse können glückverheißend und glückschenkend sein, ja sie können auf einen tieferen Grund allen Glückes, auf das göttliche Geheimnis, hinweisen; und sie können unheilverheißend, ja unheilbringend sein, können auf Nichtigkeit und Vergänglichkeit hinzeigen.

Welch ambivalenten Symbolcharakter kann beispielsweise die Sonne haben! Sie ist licht- und wärmebringend, wachstumsweckend, lebensfördernd und kann so Zeichen für Liebe und Sinn, ja für Gott selber, für Jesus Christus als das Licht der Welt sein. Sie kann aber unter entsprechenden Bedingungen auch Zeichen schädlichen Versengens, „stechender", ausdörrender Beeinträchtigung des Menschen und der Natur werden. Der evangelische Geistliche und Dichter *Paul Gerhardt* (1607–1676) besingt die Sonne als Zeichen und Mittlerin der Schönheit und der Wohltaten Gottes:

„Die güldne Sonne
voll Freud und Wonne
bringt unsern Grenzen mit ihrem Glänzen
ein herzerquickendes, liebliches Licht ...
Kreuz und Elende,
das nimmt ein Ende:
nach Meeresbrausen
und Windessausen
leuchtet der Sonnen gewünschtes Gesicht.
Freude die Fülle
und selige Stille
wird mich erwarten
im himmlischen Garten;
dahin sind meine Gedanken gericht."[162]

Demgegenüber gibt der Psalmist betend seiner Hoffnung Ausdruck:

„Der Herr ist dein Hüter, der Herr gibt dir Schatten;
er steht dir zur Seite.
Bei Tag wird dir die Sonne nicht schaden
noch der Mond in der Nacht“ (Ps 121,5f).

In ähnlicher Weise kann beispielsweise der Wein wirksames Zeichen der Lebensfreude und geglückter Gemeinschaft wie auch sinnlosen, zerstörerischen Rausches sein.

In unüberbietbarer Weise kommt diese Doppeldeutigkeit in einem zwischen 1810 und 1812 entstandenen Gedicht *Joseph von Eichendorffs* (1788–1857) zum Ausdruck, das von *Robert Schumann* (1810–1856) kongenial vertont ist:

„Zwielicht[163]

Dämmrung will die Flügel spreiten,
Schaurig rühren sich die Bäume,
Wolken ziehn wie schwere Träume -
Was will dieses Graun bedeuten?

Hast ein Reh du lieb vor andern,
Laß es nicht alleine grasen,
Jäger ziehn im Wald und blasen,
Stimmen hin und wieder wandern.

Hast du einen Freund hienieden,
Trau ihm nicht zu dieser Stunde,
Freundlich wohl mit Aug und Munde,
Sinnt er Krieg im tückschen Frieden.

Was heut müde gehet unter,
Hebt sich morgen neugeboren.
Manches bleibt in Nacht verloren -
Hüte dich, bleib wach und munter!“

Alle Wirklichkeiten dieser Welt sind in diesem Sinne doppeldeutig. *Aber sie sind es doch so, dass sich zumindest bei vielen Dingen und Geschehnissen ein Überschuss an Sinn und Verheißung ausmachen lässt,* dass ihr Verheißungscharakter einen Vorrang vor dem Bedrohungscharakter hat. Das lässt sich am Beispiel der Sonne, am Beispiel der Freundschaft und an vielen anderen Beispielen sicher überzeugend aufweisen. Insofern kann man bei allen Doppeldeutigkeiten von einem *vorsakramentalen Charakter dieser Welt und Geschichte* sprechen, wobei nicht verschwiegen werden darf, dass sich nicht wenige Geschehnisse in Natur und Geschichte, nicht zuletzt das Leiden Unschuldiger, aber auch Naturkatastrophen, gegen eine positive Sinngebung selbst für den Glaubenden sperren können.

(4) In seinem heilsgeschichtlichen Handeln hat Gott in Jesus Christus Wirklichkeiten dieser Welt – ihren von Natur und vom Menschen gegebenen Zeichencharakter aufnehmend – zu *eindeutigen Zeichen des Heils* und das heißt der heilvollen Begegnung mit ihm selber, zugleich der geglückten menschlichen Gemeinschaft, gemacht: zu Sakramenten des Neuen Bundes. Zum Ausdruck kommt diese neue Eindeutigkeit besonders durch das Wortelement, die Spendeformel der Sakramente. Und er hat diese wirksamen Zeichen in die Grundsituationen menschlichen Lebens hineingestellt, als Zeichen zugleich, *dass die gesamte Wirklichkeit des Menschen und seiner Welt – auch in ihren dunklen Seiten – dem Heil, nämlich einem geglückten Leben und Zusammenleben der Menschen im Frieden mit der Schöpfung, das zugleich auf ewige Vollendung hin angelegt ist, zu dienen vermag*: dies, *wenn nur der Mensch sich einer solch heilvollen Begegnung öffnet, wenn er sich in sie einbringt.*

In tiefer Einfühlung in die Wirkung und Wirkweise des sakramentalen Sinnbilds oder Symbols hat *Rainer Maria Rilke* (1875–1926) in seinem „Stunden-Buch“ dieses sakramentale Symbolgeschehen im Blick auf den einzelnen Menschen gedeutet:

> „Wer seines Lebens viele Widersinne
> versöhnt und dankbar in ein Sinnbild fasst,
> der drängt
> die Lärmenden aus dem Palast,
> wird anders festlich, und du bist der Gast,
> den er an sanften Abenden empfängt.“[164]

Rilke spricht hier nicht direkt von den Sakramenten, aber doch – was aufs Gleiche herauskommt – von heilbringenden, heilenden Sinnbildern: Wer das Auseinanderstrebende, das Zerstückelte und Ungereimte, die vielen Widersinne des Lebens, in Sinnbilder fasst, der wird dankbar diese Widersinne als versöhnt, als aufgehoben erfahren. Er findet aus den lärmenden Entfremdungen seines Lebens zu neuer Eigentlichkeit und Ganzheit: Er „wird anders festlich“. Er wird dies nicht für sich allein. Er wird es, indem er Gott, an den sich diese Gedichtstrophe wendet, als Gast bei sich empfängt. Und er wird es – was Rilke hier allerdings nicht anspricht –, indem er mit seinen Mitmenschen, ja der gesamten Wirklichkeit auf neue Weise verbunden wird.

(5) Noch einmal: Die Sakramente sind in diesem Sinne nicht als punktuelle Heilsereignisse zu verstehen. *Sie sollen wirksam bezeugen, dass das Leben und das Miteinander der Menschen, ja die ganze Welt des Menschen in der Wurzel geheilt sind und dass man dieser neuen Eindeutigkeit je aufs Neue inne wird, wenn man sich von den Sakramenten auf den äußerlich oft so verschlungenen Pfaden des Lebens geleiten lässt, sich glaubend immer aufs Neue gerade auch sakramental in Gott festmacht.*

Anmerkungen

[1] Hier zitiert aus: Katholischer Katechismus für das Erzbistum Paderborn, Paderborn 1925, 7.
[2] Vgl. die Lehrverurteilungen des Konzils von Trient in seinem „Dekret über die Sakramente“ von 1547, Kanon 5–8, DH Nr. 1606–1608 tzt D 9/I, Nr. 19–22.
[3] Konstitution über die heilige Liturgie (1963), Nr. 59, tzt D/I Nr. 59.
[4] 2. Vat., Konstitution über die heilige Liturgie, Nr. 59.
[5] W. Zauner, Alle wollen leben. Die Taufe als Anfang eines neuen Lebens, in: W. Zauner, J. Singer, Zeichen der Hoffnung. Sakramente und Sakramentalien, Wien 1982, 47–58, hier 56f.
[6] Vgl. dazu ausführlicher G. Koch, Sakramentale Symbole – Grundweisen des Heilshandelns Gottes.
[7] Einen informativen Überblick auch über Taufkatechese bietet: W. Nastainczyk, Katechese: Grundfragen und Grundformen, Paderborn 1983 (UTB 1245), 92–102.
[8] Vgl. z.B. die Liturgiekonstitution, SC 71, oder das Missionsdekret AG 14.
[9] CIC can.842 § 2.
[10] Vgl. dazu ausführlicher G. Koch, Sakramentale Symbole – Grundweisen des Heilshandelns Gottes.
[11] Vgl. dazu die Texte in tzt D 9/I, Nr. 257–274.
[12] Kyrill von Jerusalem, Mystagogische Katechesen, tzt D 9/I, Nr. 53.
[13] Vgl. den Brief des Papstes Stephan I. an Bischof Cyprian von Karthago, DH 110; tzt D 9/I, Nr. 220.
[14] Aurelius Augustinus, Vortrag über das Evangelium des hl. Johannes 6, 7/8; tzt D 9/I, Nr.71.
[15] DH 1614–1627; tzt D 9/I, Nr. 228–231.
[16] DH 1614–1627; tzt D 9/I, Nr. 232–241.
[17] Luther deutsch. Die Werke Martin Luthers in neuer Auswahl für die Gegenwart, hrsg. von K. Aland, Bd. 2, Stuttgart/Göttingen 1962, 201 203; tzt D 9/I, Nr. 281.
[18] LG 11; tzt D 9/I, Nr. 39.
[19] Die Texte finden sich zum größeren Teil in tzt D 9/I, Nr. 248–255.
[20] Die Texte finden sich teilweise in tzt D 9/I, Nr. 256.
[21] Vgl. entsprechende ökumenische Dialogtexte: tzt D 9/I, Nr. 295–307
[22] Vgl. dazu: W. Beinert, Kirche als Freundesgemeinschaft Jesu Christi in: G. Koch, J. Pretscher (Hrsg.), Dimensionen der Freundschaft oder: Wider den Egotrip (Festgabe für Dietrich Wiederkehr), Würzburg 1998, 63–88.
[23] Vgl. W. Knackstedt, Art. „Taufe“, in: Gasper/Müller/Valentin, Lexikon der Sekten, Sondergruppen und Weltanschauungen, Freiburg u.a. 1990, 1014f.
[24] Entsprechende Lehrtexte stammen vom Konzil von Karthago 418 (DH 223; tzt D 9/I, Nr. 222), vom 4. Laterankonzil 1215 (DH 802

tzt D 9/I, Nr. 227) und eben vom Konzil von Trient 1545–1563 (DH 1514 und 1625–1627; tzt D 9/I, Nr. 243ff.).

25 Vgl. G. Koch, Communio Sanctorum als Grund und Ziel der Kindertaufe, in: J. Schreiner, K. Wittstadt (Hrsg.), Einheit der Christen – Einheit der Kirche (FS Bischof Scheele), Würzburg 1988, 398–411; vgl. tzt D 9/I, Nr. 294.

26 Martin Luther, Von der babylonischen Gefangenschaft der Kirche. Ein Vorspiel Martin Luthers, a.a.O. (Anm. 116), 211f.; tzt D 9/I, Nr. 282.

27 Vgl. tzt D 9/I, Nr. 270.

28 Vgl. G. Koch, Art. „Begierdetaufe“, in: LKDog (1991), 41f.

29 *Myronsalbung* ist der griechische Name.

30 K. Lehmann, Zum Schriftzeugnis für die Firmung, in: IKaZ (1982), 434–440, hier 436.

31 Zur Auslegung dieses Textes und überhaupt zu einer atl. Theologie des Heiligen Geistes vgl. J. Schreiner, Das Wirken des Geistes in alttestamentlicher Sicht, in: ThGl 81 (1991), 3–51.

32 DH 120f.; tzt D 9/I, Nr. 311f.

33 Vgl.: Über die Sakramente des christlichen Glaubens I.II p. 7; tzt D 9/I, Nr. 339f.

34 S.th. III q. 72, a. 1c; a. 2c; a. 5c; tzt D 9/I, Nr. 342ff.

35 Vgl. DH 1317ff.; 1310ff; tzt D 9/I, Nr. 317ff.

36 Vgl. DH 1628ff.; tzt D 9/I, Nr. 320ff.

37 K. Rahner, Kirche und Sakramente, Freiburg u.a. 1960; tzt D 9/I, Nr. 346.

38 LG 11; tzt D 9/I, Nr. 39.

39 Vgl. LG 26; tzt D 9/I, Nr. 326.

40 Apostolische Konstitution „Divinae consortium naturae“: AAS 63 (1971), S.657ff.; vgl. tzt D 9/I, Nr. 329.

41 Vgl. dazu auch: K. Koch, Das angemessene Firmalter: ein Schmelztiegel von Problemen, in: ders., Leben erspüren – Glauben feiern, Freiburg u. a. 1999,118–149, bes. 133ff.

42 Vgl. G. Koch, Sakramente, die zum Christsein befähigen, Lehrbrief 20 des Grundkurses von Theologie im Fernkurs, Würzburg 1985, 52ff.; tzt D 9/I, Nr. 348–351.

43 Vgl. W. Nastainczyk, Firmvorbereitung im Lernprozess des Glaubens und im Leben der Gemeinde, in: H. Roßmann, J. Ratzinger (Hrsg.), Mysterium der Gnade (FS J. Auer), Regensburg 1975, 214.

44 K. Koch, Das angemessene Firmalter: ein Schmelztiegel von Problemen, in: ders., Leben erspüren – Glauben feiern. Sakramente und Liturgie in unserer Zeit, Freiburg u. a., 118–149, hier 129–132.

45 A.a.O., 148.

46 R. Pesch, Wie Jesus das Abendmahl hielt. Der Grund der Eucharistie, Freiburg 1977, 11.

47 Die Texte – die Einsetzungsberichte in synoptischer Nebeneinanderstellung – finden sich in: tzt D 9/II, Nr.354–358.

48 Vgl. zu den Abhängigkeitsverhältnissen: R. Pesch, a.a.O. (Anm. 46), 25–58.

49 Vgl. R. Pesch, a.a.O., bes. 63–81.

[50] Vgl. H. Gese, Die Herkunft des Herrenmahles, in: ders., Zur biblischen Theologie, München 1977, 107–127.
[51] Vgl. H.-J. Klauck, Die Sakramente und der historische Jesus, in: ders., Gemeinde, Amt, Sakrament, Würzburg 1989, 281f.
[52] Vgl. dazu: J. Ratzinger, Gestalt und Gehalt der eucharistischen Feier, in: ders., Das Fest des Glaubens, Einsiedeln ²1981, 31–54.
[53] Apologie c. 65 und 66; Dt.: A. Heilmann mit H. Kraft (Hrsg.), Texte der Kirchenväter, nach Themen geordnet 4, München 1964, 276ff.; tzt D 9/II, Nr. 429ff.
[54] Kirchenvätertexte zur Eucharistie finden sich in: tzt D 9/II, Nr. 422–446.
[55] Vgl. u.a. tzt D 9/II, Nr. 446.
[56] J. Betz, Art. „Eucharistie III.“, in: $LThK^2$, 1149.
[57] DH 690.
[58] DH 700; tzt D 9/II, Nr. 359.
[59] Vgl. tzt D 9/II, Nr. 447–453.
[60] Vgl. tzt D 9/II, Nr. 454ff.
[61] DH 1320ff.; tzt D 9/II, Nr. 366ff.
[62] Zum Abendmahlsverständnis Luthers vgl. tzt D 9/II, Nr. 457–461; zum Abendmahlsverständnis Calvins vgl. tzt D 9/II, Nr. 462f.
[63] Dekret über das Sakrament der Eucharistie von 1551, can. 1; DH 1651; tzt D 9/II, Nr. 373.
[64] Vgl. Konzil von Trient, 13. Sitzung, Lehrsatz 2; DH 1652; tzt D 9/II, Nr. 374.
[65] NR 597; DH 1740; tzt D 9/II, Nr. 389.
[66] Vgl. DH 3840; tzt D 9/II, Nr. 402–406.
[67] LG 11; tzt D 9/I, Nr. 39.
[68] Weitere Texte aus der Kirchenkonstitution, der Liturgiekonstitution, dem Ökumenismusdekret und dem Dekret über die Hirtenaufgabe der Bischöfe in der Kirche finden sich in: tzt D 9/II, Nr. 407–415.
[69] Vgl. tzt D 9/II, Nr. 467.
[70] Vgl. tzt D 9/II, Nr. 468ff.
[71] Vgl. tzt D 9/II, Nr. 471ff.
[72] Glaubensverkündigung für Erwachsene. Deutsche Ausgabe des Holländischen Katechismus, Freiburg ¹²1983.
[73] Zitiert bei R. Pesch, Wie Jesus das Abendmahl hielt, 105.
[74] Vgl. tzt D 9/II, Nr. 416f.
[75] Vgl. dazu: H.-J. Klauck, Präsenz im Herrenmahl, in: ders., Gemeinde, Amt, Sakrament, Würzburg 1989, 325f.
[76] J. Ratzinger, Das Fest des Glaubens, Einsiedeln 1981, 35; tzt D 9/II, Nr. 481ff.
[77] A. Gerhards, Stationen der Gottesbegegnung. Zur theologischen Bestimmung der Sakramentenfeiern, in: M. Klöckener, W. Glade (Hrsg.), Die Feier der Sakramente in der Gemeinde, Kevelaer 1986, 24.
[78] Schreiben der Kongregation für die Glaubenslehre an die Bischöfe der katholischen Kirche über einige Fragen bezüglich des Dieners der Eucharistie, 1983; tzt D 9/II, Nr. 418–421.
[79] Vgl. tzt D 9/II, Nr. 457–466 (Luther- und Calvin-Texte).

80 Vgl. die Dialogtexte in tzt D 9/II, Nr. 487–504. Vgl. auch: Bilaterale Arbeitsgruppe der Deutschen Bischofskonferenz und der Kirchenleitung der Vereinigten Evangelisch-Lutherischen Kirche, Communio Sanctorum. Die Kirche als Gemeinschaft der Heiligen, Paderborn 2000, 45–50.

81 Kommission für Glauben und Kirchenverfassung des Ökumenischen Rates der Kirchen, Taufe, Eucharistie und Amt (1982); tzt D 9/II, Nr. 494.

82 Vgl. CIC can. 844 §§ 2–4.

83 Vgl. dazu: J. Werbick, Schulderfahrung und Bußsakrament, Mainz 1985, 7–14.

84 Gemeinsame Synode der Bistümer in der Bundesrepublik Deutschland, Beschluss: Sakramentenpastoral 4.3.

85 J. Werbick, a.a.O., (Anm. 83) 154.

86 Vgl. dazu den Text des Johannes von Antiochien (um 1095–1160): tzt D 9/II, Nr. 626.

87 Die vier Bücher der Sentenzen, aus Buch IV; tzt D 9/II, Nr. 629.

88 Vgl. DH 1323; tzt D 9/II, Nr. 542.

89 DH 1667–1693; tzt D 9/II, Nr. 559–589.

90 Vgl. den Text von K. Rahner: tzt D 9/II, Nr. 647.

91 LG 11; tzt D 9/II, Nr. 594.

92 Vgl. tzt D 9/II, Nr. 598–602.

93 J. Werbick, Schulderfahrung und Bußsakrament, Mainz 1985, 154.

94 Vgl. dazu: W. Nastainczyk, Katechese: Grundfragen und Grundformen, Uni-Taschenbücher 1245, Paderborn u. a. 1983, 102–114; sowie ders., Heilswege kennen und suchen helfen. Möglichkeiten von Buß- und Bild-Katechesen für Erwachsene in der Modernisierungskrise der Gegenwart, in: J. Herten u. a. (Hrsg.), Vergegenwärtigung. Sakramentale Dimensionen des Lebens, Würzburg 1997, 135–148.

95 Vgl. tzt D 9/II, Nr. 657 f.

96 E. Schlink, Ökumenische Dogmatik, Göttingen 1983, 469; vgl. tzt D 9/II, Nr. 651.

97 Lehrverurteilungen – kirchentrennend? Hrsg. v. K. Lehmann, W. Pannenberg, Freiburg/Göttingen 1986, 79 f.

98 Vgl. tzt D 9/II, Nr. 649 f.

99 Vgl. tzt D 9/II, Nr. 590.

00 Vgl. tzt D 9/II, Nr. 595 ff.

01 Zitiert bei W. Beinert, Gottes Gegenwart. Eine Einführung in die Welt der Sakramente, Nettetal 1991, 57.

02 tzt D 9/II, Nr. 662 f.

03 Vgl. tzt D 9/II, Nr. 686–692.

04 Vgl. tzt D 9/II, Nr. 664.

05 Die Texte des Konzils von Trient zur Krankensalbung sind wiedergegeben in: tzt D 9/II, Nr. 665–672.

06 LG 11; tzt D 9/II, Nr. 676.

07 Liturgische Institute Salzburg/Trier/Zürich (Hrsg.), Kleines Rituale für besondere pastorale Situationen, Einsiedeln u. a. , Nr. 172, S. 82.

08 SC 73–75; tzt D 9/II, Nr. 673–675.

09 Vgl. tzt D 9/II, Nr. 677–680.

[110] So sieht die VELKD-Agende (1993) einen entsprechenden Ritus vor
[111] Auf diese Zusammenhänge wird die Theologie nicht zuletzt durch die heutige psychosomatische Medizin aufmerksam gemacht. Vgl dazu: W. Beinert, Heilender Glaube, Mainz 1990.
[112] Vgl. zum Ganzen auch: Lehrverurteilungen – kirchentrennend? a.a. O. (Anm. 97) 136–140; tzt D 9/II, Nr. 701.
[113] Pastoraler Dialog im Bistum Würzburg, Das Sakrament der Krankensalbung (Papier 7), hrsg. vom Bischöflichen Ordinariat HA Seelsorge, Würzburg 1995, 3.4.
[114] Vgl. CIC can. 1008 und 1009.
[115] Einen informativen Überblick über die Entwicklung des kirchlichen Amtes bietet: W. Beinert, Autorität um der Liebe willen. Zur Theologie des kirchlichen Amtes, in: K. Hillenbrand (Hrsg.), Priester heute. Anfragen, Aufgaben, Anregungen, Würzburg ²1991, 32–66.
[116] Vgl. tzt D 9/II, Nr. 759–763. Offen ist allerdings die Datierung der Ignatiusbriefe, manche setzen sie erst nach 160 an.
[117] Vgl. tzt D 9/II, Nr. 727.
[118] Vgl. tzt D 9/II, Nr. 790f.
[119] Vgl. tzt D 9/II, Nr. 792.
[120] Vgl. tzt D 9/II, Nr. 728–741.
[121] Apostolische Konstitution über die Diakons-, Priester- und Bischofsweihen , tzt D 9/II, Nr. 743.
[122] Die einschlägigen Texte des Zweiten Vatikanischen Konzils finden sich in: tzt D 9/II, Nr. 744–750.
[123] Schreiben der Deutschen Bischöfe über das priesterliche Amt. Eine biblisch-dogmatische Handreichung, hrsg. v. Sekretariat der Deutschen Bischofskonferenz 1969, 57, mit Berufung auf LG 28 und PO 4.
[124] Vgl. bes. J. Ratzinger, Zur Frage nach dem Sinn des priesterlichen Dienstes: GuL 41 (1968) bes. 352f.; 358; vgl. tzt D 9/II, Nr. 801f.
[125] Vgl. auch G. Greshake, Priestersein, Freiburg u. a. 1982.
[126] Der zitierte Text (außer den erläuternden Klammerbemerkungen) entstammt einer schriftlichen Mitteilung des Herausgebers dieser Buchreihe, Wolfgang Beinert.
[127] Vgl. tzt D 9/II, Nr. 808–824.
[128] Zum rechten Amtsverständnis vgl. neuerlich in dieser Buchreihe J. Müller, Im Dienst der Kirche Christi. Zum Verständnis des kirchlichen Amtes heute, Regensburg 2000.
[129] W. Kasper, Zur Theologie der christlichen Ehe, Mainz 1977, 9.
[130] K. Lehmann, Die christliche Ehe als Sakrament, in: IKaZ 8 (1979) 391.
[131] K. Hilpert, Partnerschaftliche Beziehungen. Liebe, Ehe, Familie in theologischer Literatur 1980–85, in: KatBl 110 (1985), 807.
[132] Th. Schneider, Zeichen der Nähe Gottes. Grundriss der Sakramententheologie, Mainz 1979, 275.
[133] G. Hartfiel, Die Welt, in der wir leben – Kritische Gegenwartsanalyse, Lehrbrief 1 des Pastoralen Basiskurses von Theologie im Fernkurs, Würzburg 1975, 19.
[134] K. Hilpert, a.a.O., (Anm. 131) 811.

[135] Th. Schneider, a.a.O., (Anm. 132), 270.
[136] Eine Zusammenschau (Synopse) der entsprechenden Texte findet sich in: tzt D 9/II, Nr. 827ff.
[137] J. Gnilka, Das Evangelium nach Markus (EKK II/2), Zürich u. a. ³1989, 75.
[138] Das tut schon der früchristliche Kirchenschriftsteller Tertullian (um 160- nach 220) im Brief an seine Gattin, vgl. tzt D 9/II, Nr. 877.
[139] R. Schnackenburg, Thesenvorlage „Aspekte einer christlichen Ehe nach dem Neuen Testament“ von 1978. Zitiert bei: G. Koch, Die Ehe des Christen. Lebensform und Sakrament, Würzburg 1981, 40f.
[140] A.a.O., 41.
[141] Vgl. tzt D 9/II, Nr. 877.
[142] Vgl. tzt D 9/II, Nr. 878.
[143] Vgl. tzt D 9/II, Nr. 879ff.
[144] Vgl. tzt D 9/II, Nr. 879 (De bono conjugali 24,32).
[145] Vgl. tzt D 9/II, Nr. 834; vgl. DH 1327.
[146] Vgl. tzt D 9/II, Nr. 833.
[147] Vgl. tzt D 9/II, Nr. 890.
[148] Vgl. tzt D 9/II, Nr. 835–850; DH 1797–1812.
[149] Vgl. tzt D 9/II, Nr. 837.
[150] Vgl. tzt D 9/II, Nr. 851–854.
[151] Vgl. tzt D 9/I, Nr. 40.
[152] Vgl. tzt D 9/II, Nr. 865ff.
[153] tzt D 9/II, Nr. 865.
[154] Vgl. tzt D 9/II, Nr. 868–871.
[155] Vgl. tzt D 9/II, Nr. 872–875.
[156] tzt D 9/II, Nr. 875.
[157] G. und G. Koch, Quellgrund der Lebendigkeit: Eheliche Freundschaft, in: J. Herten, G. Koch, E. Weschler (Hrsg.), Vom Spiel der Phantasie. Quellgründe der Kultur, FS J. Pretscher, Würzburg 1998, 63f.
[158] In Deutschland wird nach glaubhaften Angaben fast jede dritte Ehe geschieden.
[159] Vgl. R. Weigand, Zur Problematik des Naturrechts: Inhalt, Erkennbarkeit, Veränderlichkeit, Dispensierbarkeit: Persona y Derecho 26 (1990), 239–263,bes. 262.
[160] G. Koch, Art. „Votum sacramenti“: LThK³ Bd. 10.
[161] Vgl. dazu die Beiträge in: K. Richter (Hrsg.), Eheschließung – mehr als ein rechtlich Ding? (QD 120), Freiburg u. a. 1989; vgl. auch tzt D 9/II, Nr. 907ff.
[162] Evangelisches Gesangbuch. Ausgabe für die Evangelisch-Lutherischen Kirchen in Bayern und Thüringen, Nr. 449.
[163] Entnommen aus: Gedichte fürs Gedächtnis, ausgewählt und kommentiert von Ulla Hahn, Stuttgart 1999, ⁸2000, 69.
[164] Rainer Maria Rilke, Das Stunden-Buch, Das Buch vom mönchischen Leben (1899): R. M. Rilke. Werke. Ausgewählt und hrsg. vom Insel Verlag, Frankfurt a.M. ⁴1986, Bd. I,1 Gedicht-Zyklen, 19.

Stichwort: Sakramente – Hilfen zum Leben

Die sieben Sakramente Taufe, Firmung, Eucharistie (Herrenmahl), Bußsakrament, Krankensalbung, Weihesakrament und Ehe haben in der katholischen Kirche und in den Kirchen des christlichen Ostens eine *grundlegende Bedeutung,* die beiden Hauptsakramente Taufe und Herrenmahl (Abendmahl) spielen aber auch in den Kirchen der Reformation eine wichtige Rolle. Man kann sie beschreiben als *Zeichen oder Symbole, in denen eine heil- und lebenschenkende Begegnung mit dem Gott des Heiles sowohl angezeigt wie auch verwirklicht wird, sofern sich der Empfänger eines Sakramentes dieser Begegnung im Glauben öffnet.*

Eingebettet sind die Sakramente in die Liturgie, den Gottesdienst der Kirche, eine Tatsache, die bereits auf ihren gemeinschaftsbezogenen Charakter verweist: Sie sind keine einsame Gottbegegnung, schon gar nicht unpersönliche Werkzeuge der Gnade. Sie bedeuten vielmehr ein *Begegnungsgeschehen, das nicht nur von der Gemeinschaft der Kirche mitgetragen wird, sondern auch solche Gemeinschaft stiftet.* Die Initiative in diesem schöpferischen und zugleich wegweisenden Begegnungsgeschehen geht immer von Gott bzw. von Jesus Christus aus, der durch den Sakramentenspender wie auch durch die ganze Gemeinde repräsentiert wird.

Durch eine solche Sicht der Sakramente als von Gott initiiertes, gemeinschaftsbezogenes Begegnungsgeschehen werden gängige Missverständnisse der Sakramente ausgeschlossen, vor allem dies: die Sakramente seien magische, aus der Religionsgeschichte übernommene „dingliche“ Mittel, um die Gottheit zur Hergabe von Wohltaten zu zwingen.

In Wirklichkeit kommen die Sakramente von Jesus Christus, also von Gott, her, beruhen auf seinen Absichten, obwohl sich eine eigentliche Stiftung durch Christus nicht für alle Sakramente nachweisen lässt, ja sogar unwahrscheinlich ist, da sich die Symbolhandlungen und das Wortelement (Spendeformel) einiger Sakramente im Laufe der Geschichte nicht unwesentlich gewandelt haben. *Die Sakramente sind „ursprünglich" christlich.*

Das Zweite Vatikanische Konzil hat – vorbereitet beispielsweise durch die „Liturgische Bewegung" und bedeutende Theologen der Neuzeit – das Sakramentenverständnis, das in seiner Geschichte neben Entfaltungen auch Einseitigkeiten und Engführungen erlebt hat, wieder auf neue Entfaltung und auch den ökumenischen Diskurs hin aufgebrochen: *Die Sakramente als „Sakramente des Glaubens" stehen im Dienste des Glaubensweges des einzelnen Gläubigen wie der Gemeinschaft der Gläubigen.* Dabei schließen sie ihrer Intention nach heilschenkend und orientierunggebend auch die „anderen", ja die ganze Welt des Menschen mit ein. *Sie sind „Hilfen zum Leben".*

In diesem Sinne haben die einzelnen Sakramente ihre je besondere Sinngestalt und Heilswirkung, *wobei sie den „Knotenpunkten", entscheidenden Wegemarken des Lebensweges, zugeordnet sind.* Die lebensbegleitende Eucharistie ist „Quelle und Höhepunkt" christlichen Lebens.

Kleines Wörterbuch

Analytische Psychologie
Auf S. Freud (1856–1939) zurückgehende, von C.G. Jung (1865–1961) weiterentwickelte psychologische Methode, die das Unbewusste in den Tiefenschichten der menschlichen Seele bewusst macht, analysiert und auf diese Weise heilen will.

Anathem(a)
(griech.) Ursprünglich etwas der Gottheit Anheimgegebenes: als Weihegabe oder als ihrem Fluch Verfallenes. Später Verurteilung von Lehrsätzen, die dem Lehramt als dem wahren Glauben widersprechend galten und somit ihre Verfechter zu Häretikern machten.

Anthropologie, anthropologisch
(griech.) Die philosophische bzw. theologische Lehre oder Wissenschaft vom Menschen, die zugleich neben ihren je eigenen Erkenntnisquellen die Erkenntnisse einer naturwissenschaftlichen Anthropologie mit einbeziehen müssen.

Apologie
(griech.) Verteidigung, Verteidigungsschrift.

Chrisam
(griech.-lat.) Mischung von Pflanzenöl und Duftstoffen (vor dem 2.Vat. aus Olivenöl und Balsam), die vom Bischof geweiht wird.

Dissoziierung
(lat.)Trennung, Zerteilung einer Vorstellungs- oder Wirklichkeitsverbindung.

Dogma
(griech.) Verbindlicher Lehrsatz des christlichen Glaubens. Mit diesen Lehrsätzen bzw. ihrem Sinngefüge beschäftigt sich die Dogmatik als wissenschaftliche theologische Disziplin.

Ekklesiologie / ekklesiologisch
(griech.) Die wissenschaftlich reflektierte Lehre von der Kirche.

Enzyklika
(griech.) Rundschreiben des Papstes an die Bischöfe oder an alle Gläubigen.

Epiklese, epikletisch
(griech.) An- oder Herabrufung Gottes, speziell auch über die eucharistischen Gaben, wobei es um deren Heiligung bzw. Wandlung durch Gottes Heiligen Geist geht. Die E. spielt eine besondere Rolle in den Ostkirchen.

Exegese
(griech.) Die wissenschaftlich verantwortete Auslegung, hier vor allem der Bibel.

Exorzismus
(griech.-lat.) Die Beschwörung bzw. Bannung des Teufels und anderer böser Geister.

Gottesherrschaft
Zentralbegriff der Verkündigung Jesu, Inbegriff geglückten menschlichen Lebens und Zusammenlebens in Liebe, Frieden und Gerechtigkeit, ermöglicht durch die Selbstmitteilung Gottes in Jesus Christus und im Heiligen Geist.

Initiation (sakramentale)
(lat.) Der aus den Mysterienkulten stammende Begriff besagt die volle Einführung in den christlichen Glauben und in die Kirche, wie sie durch die Sakramente der Taufe, der Firmung und der Eucharistie geschieht.

Inkulturation
(lat.) Inkulturation besagt die wechselseitige Durchdringung von Evangelium und jeweiliger Kultur in der Weise, dass das Evangelium seine wesentliche Identität behält, aber doch in der Sprache und in den Lebensformen der Kulturen schöpferisch zum Ausdruck kommt und den Menschen zu Eigen wird. Inkulturation bedeutet so wechselseitige Bereicherung.

Jurisdiktion
(lat.) Weltliche und geistliche Gerichtsbarkeit bzw. Rechtsvollmacht, im kirchlichen Recht die hoheitliche Hirtengewalt, die in Gesetzgebung, Rechtsprechung und Verwaltung ausgeübt wird.

Katechese
(griech.) Die in persönlichem Kontakt erfolgende Unterweisung über die grundlegenden Inhalte christlichen Glaubens und christlicher Lebensgestaltung, die im Auftrag der Kirche für Kinder, Jugendliche und Erwachsene erteilt wird.

Katechumenat, Katechumene
(griech.-lat.) Die Zeit der Vorbereitung der Taufbewerber (Katechumenen) auf den Empfang der Taufe. In analoger Weise spricht man heute beispielsweise auch von einem Ehe-Katechumenat.

Messias, messianisch
(aram.-griech.) Der Gesalbte: Würdenamen für den König und Hohenpriester Israels, später durch an David anknüpfende Hoffnungen Bezeichnung für den universalen Heilskönig der Endzeit. Das Neue Testament sieht in Jesus diesen Messias (= Christus) aus Davids Geschlecht.

Mystagogie, mystagogisch
(griech.) Wörtlich: Geleit in die Geheimnisse. Der aus den Mysterienkulten stammende Begriff wird in der frühen Kirche mehr und mehr auch für die Einführung in die Geheimnisse des Glaubens bzw. der Sakramente verwendet, wobei er seinen elitären Charakter verliert: Alle sind dazu berufen.

Mysterienreligionen, Mysterienkulte
Unter M. versteht man eine Gruppe von Religionen bzw. Kulten, die vom 7. Jahrhundert v. Chr. bis in die Spätantike in Griechenland und im ganzen römischen Reich verbreitet waren. Die Eingeweihten (Mysten) versprachen sich von der Teilnahme an dem im Kult dargestellten Schicksal der Gottheit (seiner Mysteriengegenwart) irdisches, manchmal auch jenseitiges Wohlergehen.

Paschamysterium
(hebr.-griech.) Der Begriff bezeichnet das erlösende österliche Heilsgeschehen von Leiden, Tod und Auferweckung Jesu Christi, das in der christlichen Liturgie vergegenwärtigt wird. Er knüpft an das kultische *Passahmahl* (hebr.) Israels an, in dem der Befreiung Israels aus Ägypten gedacht wurde und wird.

Psychoanalyse
(griech.) Lehre *S. Freuds* von der Dynamik des unbewussten Seelenlebens und die darauf beruhende (analysierende) Methode zur Behandlung psychischer Erkrankungen.

Ritus, Ritual
(lat.) Unter Ritus versteht man das gebräuchliche bzw. festgelegte gottesdienstliche Geschehen in Wort und Handeln, unter Ritual die verbindliche Ordnung des gottesdienstlichen Handelns, aber auch Brauchtumsformen, die für bestimmte Gruppen und Situationen gelten, z. B. Begrüßungsrituale.

Scholastik, scholastisch
(lat.) Die „Schultheologie bzw. Schulphilosophie", wie sie an den Hohen Schulen des Mittelalters entwickelt und gelehrt wurde. Sie war bestrebt, ein systematisch geschlossenes Weltbild zu entwerfen, in dem alle Dinge ihren festen Platz hatten. Von daher können Substantiv und Adjektiv heute auch den Beigeschmack von Starrheit und Wirklichkeitsferne haben.

Synopse, synoptisch
(griech.) Zusammenschau. Der Begriff bezeichnet die Nebeneinanderstellung verwandter Texte der Evangelien, um Übereinstimmungen und Abweichungen feststellen zu können. Die Zusammenschau in einer Synopse ergibt dabei eine nahe Verwandtschaft der daraufhin so genannten synoptischen Evangelien Mt, Mk und Lk.

transzendent
(lat.) Auf eine tiefere oder höhere Wirklichkeit hin überschreitend, über das vordergründig Gegebene hinausgehend und hinausweisend, auf die Transzendenz, die die Religionen das Göttliche oder Gott nennen.

Weiterführende Werke

Regina Ammicht-Quinn, Stefanie Spendel (Hrsg.), Kraftfelder. Sakramente in der Lebenswirklichkeit von Frauen, Regensburg 1998. – Es geht in dem anregenden Sammelband u. a. um die Fragen: Was erwarten Frauen von den Sakramenten? Wie könnte zunehmender Symbol- und Glaubensentfremdung gerade auch bei Frauen durch neue und durch neu erschlossene überlieferte Rituale begegnet werden? Das Buch, aus unterschiedlicher fachlicher Sicht verfasst, möchte zu Einfallsreichtum und Kreativität anregen.

Franz Courth, Die Sakramente, Freiburg 1995. – Das Buch will und kann trotz einzelner Defizite als theologischer Leitfaden die Grundinhalte des katholischen Sakramentenverständnisses für Studierende der Theologie, aber auch für alle theologisch Interessierten darbieten und zugleich zu einer verantworteten, lebensmächtigen Mitfeier der Sakramente hinführen.

Alexandre Ganoczy, Einführung in die Katholische Sakramentenlehre, Darmstadt 1979, ^{3}1991. – Der den Leser fordernde Band bietet außer der Einführung in die allgemeine Sakramentenlehre auch gute Skizzen zur Lehre von den einzelnen Sakramenten. Dabei werden vor allem heutige theologische Probleme und Fragestände verdeutlicht, beispielsweise: Was kann moderne Kommunikationstheorie für das Verständnis der Sakramente erbringen?

Anselm Grün, Sakramente. Einzelbändchen zu den sieben Sakramenten der katholischen Kirche, Münsterschwarzach ab 2000. – Die schon erschienenen Bändchen „Die Taufe. Feier des Lebens" und „Die Trauung. Segen für das gemeinsame Leben", denen weitere folgen, führen in eingängiger, theologisch meditativer Sprache und Gedankenführung in die Rituale bzw. die Symbolik der Sakramente und in ihre Lebensbedeutung ein.

Joachim Herten, Irmgard Krebs, Josef Pretscher (Hrsg.), Vergegenwärtigung. Sakramentale Dimensionen des Lebens (FS G. Koch),Würzburg 1997. – Der Band mit Beiträgen von J. Herten, A. Schilson, G. Larcher, Th. Seidl, W. Beinert, R. Sauer, W. Nastainczyk, K. Richter, A. Heuser, D. Wiederkehr und J. Pretscher zeigt – unter dem Blickwinkel verschiedener theologischer Fächer –, dass jede Handlung und jedes Geschehen Zeichen für die Nähe Gottes und Orientierung für ein geglücktes Leben sein kann. Er zeigt zugleich, wie sich dieser Zeichen- und Orientierungscharakter in den Sakramenten verdichtet.

Günter Koch (Bearbeiter), Sakramentenlehre I und II, Texte zur Theologie, Dogmatik (hrsg. von Wolfgang Beinert), Graz u.a. 1991. – Die kommentierte Textsammlung der beiden Bände, auf die in der vorliegenden Publikation immer wieder Bezug genommen wird, dokumentiert für die allgemeine Sakramentenlehre und für die einzelnen Sakramente Konstanten wie geschichtliche Wandlungen im theologischen Verständnis. Sie tut dies unter den Kategorien „Biblische Leittexte", „Lehramtliche Texte", „Theologentexte" und „Dialogtexte der Ökumene".

Kurt Koch, Leben erspüren – Glauben feiern. Sakramente und Liturgie in unserer Zeit, Freiburg u. a. 1999. – Das Buch des Basler Bischofs, das thematisch recht unterschiedliche Beiträge seines Autors enthält, hat ein durchgehendes Leitmotiv: Die Liturgie baut die Kirche nicht nur auf, sondern sie hält sie auch am Leben. Speziell in den Sakramenten, die in wichtigen Teilaspekten für einen ganzmenschlichen Mitvollzug erschlossen werden, verwirklicht sich das Wesen der Kirche.

Lothar Lies, Sakramententheologie. Eine personale Sicht, Graz u.a. 1990. – Das ebenso anregende wie anspruchsvolle Buch hat bei seinem Durchblick durch die Sakramentenlehre vier Leitmotive: „die christliche Vorstellung von Person, die Eucharistie als Quelle und Höhepunkt kirchlichen Lebens, eine heutige Vorstellung von Erlösung und den Blick auf die getrennten Kirchen der Reformation".

Franz-Josef Nocke, Sakramententheologie. Ein Handbuch, Düsseldorf 1997. – Das lesenswerte, freilich anspruchsvolle Buch kann sowohl dem wissenschaftlichen Studium wie auch der kirchlichen Verkündigung dienen. Es spiegelt nicht nur den gegenwärtigen theologischen Erkenntnisstand, sondern vermittelt auch das sakramentale Denken in den Verständnishorizont heutiger anthropologischer Grunderfahrungen, heutiger Symbolerfahrungen vor allem.

Theodor Schneider, Zeichen der Nähe Gottes. Grundriss der Sakramententheologie, Mainz 1979, ^{7}1998 (neu bearbeitete und erweiterte Auflage). – Ebenso der Tradition wie heutigen Fragestellungen verpflichtet, führt der Verfasser in die allgemeine Sakramentenlehre ein und gibt zugleich gut lesbare Überblicke über die Theologie der einzelnen Sakramente. Der Band, der auch nach Ausweis seiner vielen Auflagen sehr gute Resonanz gefunden hat, enthält nicht zuletzt reichliche Literaturangaben gerade zu den einzelnen Sakramenten.

Herbert Vorgrimler, Sakramententheologie, Düsseldorf 1987, ^{3}1992. – Das theologisch anspruchsvolle Werk lässt sich bei seinen inhaltlichen Informationen von der These leiten, „dass das Verhältnis Gottes zu den Menschen grundsätzlich ‚sakramental' ist, so dass die ganze Heilsgeschichte und die Theologie sakramental geprägt sind". Auch die spirituelle Seite der Sakramente kommt dabei nicht zu kurz.

Gunther Wenz, Einführung in die evangelische Sakramentenlehre, Darmstadt 1988. – Das Buch des evangelischen Systematikers erörtert Grundfragen reformatorischer Sakramentenlehre unter Berücksichtigung sowohl der lutherischen als auch der reformierten Bekenntnistradition. Einlässlich wird dann insbesondere das evangelische Verständnis der Heilszeichen Taufe und Herrenmahl dargelegt.

Abkürzungen

A.a.O. bzw. a.a.O.	Am angeführten Ort
AAS	Acta Apostolicae Sedis. 1909ff. (Amtl. Verlautbarungen des Papstes u. seiner Behörden)
AG	2. Vat., Dekret über die Missionstätigkeit der Kirche v. 7.12.1965 „Ad gentes“
Can	Canon (einzelne Rechtsbestimmung aus dem Kirchlichen Gesetzbuch CIC)
CGG	Christlicher Glaube in moderner Gesellschaft (30 Teilbände), hrsg. v. F. Böckle, F.X. Kaufmann, K. Rahner u.a., Freiburg i. Br.
CIC	Codex juris canonici (Kirchliches Gesetzbuch)
DH	H. Denzinger: Enchiridion symbolorum, definitionum et declarationum de rebus fidei et morum. Kompendium der Glaubensbekenntnisse und kirchlichen Lehrentscheidungen. Lat.-deutsch, übers. und hrsg. von P. Hünermann, Freiburg i.Br. ^{37}1991.
EKK	Evangelisch-katholischer Kommentar zum Neuen Testament. Neukirchen-Vluyn-Einsiedeln 1975 ff.
f. bzw. ff.	folgende Seite (bzw. folgende Jhrg.), folgende Seiten (bzw. Jahrgänge usw.)
FS	Festschrift
GS	2. Vat., Past. Konst. über die Kirche in der Welt von heute v. 7.12.1965 „Gaudium et spes“
GuL	Geist und Leben. Zeitschrift für Aszese und Mystik. Würzburg 1947ff.
Hrsg.	Herausgeber
IkaZ	Internationale katholische Zeitschrift Communio. Frankfurt a. M. 1972 ff.
Jhrg.	Jahrgang
KatBl	Katechetische Blätter. München 1875 ff.
LThK^3	Lexikon für Theologie und Kirche, 3. Aufl., hrsg. von W. Kasper u. a., Freiburg i. Br. 1993 ff.

LKDog	Lexikon der katholischen Dogmatik, hrsg. v. W. Beinert. Freiburg i. Br. 1987, ^{3}1991
LG	2. Vat., Dogmatische Konstitution über die Kirche vom 21.11.1964 „Lumen gentium“
NHthG	Neues Handbuch theologischer Grundbegriffe, hrsg. v. P. Eicher, 5 Bde. München 1991
par.	Parallele, Parallelen
PO	2. Vat., Dekret über Dienst und Leben der Priester vom 7.12.1965 „Presbyterorum ordinis“
QD	Reihe „Quaestiones disputatae“, erscheinend bei Herder Freiburg i. Br.
RGG	Die Religion in Geschichte und Gegenwart. Tübingen 1909–13; 1927–32; 1956–62.
SC	2. Vat., Konstitution über die heilige Liturgie v. 4.12.1963 „Sacrosanctum Concilium“
ThGl	Theologie und Glaube. Paderborn 1909ff.
tzt D 9/I;II	Texte zur Theologie: Dogmatik, hrsg. von W. Beinert. Bde.9/I;II Sakramentenlehre, bearbeitet v. G. Koch, Graz u. a. 1991
UR	2. Vat., Dekret über den Ökumenismus vom 21.11.1964 „Unitatis redintegratio“
vC.	vor Christus
2. Vat.	Zweites Vatikanisches Konzil

Register

Bildnachweis

S. 38: Evita Gründler, Illustration zu 1 Petr 3,21, Acryl auf Holz, 1996.
S. 50: Geistsendung. Buchmalerei aus dem Kloster Reichenau (um 1020). © Staatsbibliothek Bamberg: Msc. Bibl. 140. 73 v.
S. 69: Tischgemeinschaft mit Christus. Lateinischer Psalter aus England (Gloucester ?), vor 1222. © Bayerische Staatsbibliothek München, Clm 835.
S. 92: Rembrandt, Rückkehr des verlorenen Sohnes, um 1668/69. © Bildarchiv Preussischer Kulturbesitz (St. Petersburg, Eremitage; Foto: Roman Beniaminson).
S. 112: Krankensalbung im Rahmen eines Gemeinschaftsgottesdienstes. © Klaus Herzog, Aachen.
S. 122: Aussendung der Jünger und Schlüsselübergabe an Petrus. Evangeliar Ottos III. © Bayerische Staatsbibliothek, Clm 4453 fol. 60 v.
S. 148: Evita Gründler, Illustration zu Apg 4,32, Acryl auf Holz, 1996